ÉTUDE SOCIALE

ÉTABLIE SUR MA BIOGRAPHIE

CHAPITRE PREMIER

Ma biographie a deux buts : éclairer la société sur le sort de l'homme de dévouement et du travailleur intellectuel, et la porter à s'occuper davantage d'eux; à les mieux protéger, à leur faire un destin moins injuste, moins frappé et moins délaissé; puis faire ressortir par les événements contemporains et par les faits qui me sont personnels l'état des questions sociales, les causes du faux et mauvais milieu où l'on vit, et les réformes possibles. En revenant sur ma vie, je n'ai point à me demander si elle a souffert, elle n'a fait que cela; mais si sa souffrance a été utile, et je ne dirai que les faits de ma vie qui peuvent avoir une portée sociale.

Je suis né à Brest en 1808, et j'ai commencé la vie par un malheur qui semble avoir été le signe précurseur du malheur continuel auquel était appelée toute mon existence. Mon père, officier de marine, chargé de protéger les côtes de Bretagne contre [illegible], mourut peu de jours après un combat, en laissant [illegible] à une mère après quelques mois de mariage [illegible] mon père. Ma mère [illegible] aimé pour [illegible] aussi mon amour pour ma mère [illegible] culte [illegible] toujours [illegible] pour moi que [illegible]

[illegible]

l'austérité de principes et de mœurs, dans le dévouement à mes deux filles et à mon idée, qui est mon troisième enfant.

De mes souvenirs de collége, je n'en vois guères que deux qui puissent avoir de la portée, l'un en ce qu'il se rattache au système d'éducation, l'autre, au régime de la restauration : tous deux conduisent donc à une étude historique et philosophique.

La première et naturelle question à l'occasion de mon enfance et de ma vie de collége, est celle de l'éducation ; dans ma biographie, je ne fais qu'esquisser et mettre en relief les questions, parce qu'elles ont été traitées avec développement dans mes grands ouvrages auxquels je renvoie. Ici, je viens surtout prouver et appuyer les idées par les faits. Seulement je reproduis certaines pages dans deux ou trois de mes ouvrages pour les personnes qui, ayant l'un, n'auraient pas l'autre, et parce que chaque chapitre est l'étude spéciale d'une idée.

L'éducation en commun a certains avantages, et dans l'état social actuel, les pensions et les écoles gratuites sont un palliatif nécessaire ; l'enfant est mieux dans la surveillance d'une pension, que dans une famille qui ne s'occupe pas de lui : l'enfant du peuple est mieux dans une école que dans le vagabondage des rues ; mais c'est là un moins grand mal, ce n'est pas le bien. L'éducation en commun a deux vices radicaux : celui de rendre bien difficile l'éducation morale, et celui de ne pouvoir donner au plus grand nombre qu'une mauvaise et incomplète instruction.

La majorité des enfants est mauvaise ; la plupart sont égoïstes, paresseux, vicieux, méchants et ingrats ; dans un groupe mauvais, on apprend et on prend les vices et les habitudes de la majorité. Pendant ma vie de collége et ma longue carrière de professeur et de relations d'auteur avec plusieurs centaines d'instituteurs et d'institutrices, un des faits qui m'a le plus étonné et attristé, ça été de voir la première communion sans influence sur la plupart des enfants ; ils sont après, ce qu'ils étaient avant et ne perdent aucun de leurs défauts, et la preuve que ce n'est pas la faute de l'éducation laïque, c'est qu'on ne pourrait distinguer dans le monde, les ouvriers élevés chez les frères, de ceux élevés dans les écoles laïques ; tous deux donnent dans l'ivrognerie et la débauche ; et dans un rapport au conseil municipal de Paris, il est même constaté que la proportion des enfants criminels de la Roquette, est plus forte chez les élèves des frères que chez les autres. Les sociétés du moyen âge et de l'ancien régime, élevées par les prêtres, ont été en haut et en bas d'une démoralisation et d'un désordre des plus éhontés ; et pourtant, les frères et les laïcs ne donnent dans leurs classes que des principes de vertu. Mais il faudrait la combinaison de certains moyens qu'on n'emploie pas, avec une certaine atmosphère qu'on ne forme pas, la combinaison d'un système d'éducation sur la dignité, la vérité et la rapidité de méthode avec une atmosphère générale austère, digne et dévouée, avec un sol de devoir dans chaque milieu de notre existence.

Le père et la mère les plus dévoués ne peuvent empêcher leur enfant d'être imprégné et gâté par la mauvaise atmosphère générale, et il ne faut qu'un jour, une circonstance pour les perdre; heureux encore, s'ils peuvent relever et abriter sur leurs cœurs cet enfant déchu, mais repentant, et qui veut se réhabiliter. Tant que les enfants sont tenus sous une surveillance, cela va bien; mais après... voilà ce qui fait que la fille du bourgeois, sans avoir plus de vertu dans le cœur que la fille du peuple, a une conduite si différente; l'une est sous la surveillance de sa famille, ou entre les quatre murs d'une pension où elle ne peut faire le mal; l'autre est sans cesse dans la rue, fait son apprentissage au dehors et souvent mêlée à des hommes. La fille du bourgeois se perd également quand elle est forcée, pour causes de travail ou de ménage, d'aller seule au dehors. Les parents se font une cruelle illusion, en pensant que les bons principes et exemples qu'ils ont donnés, suffiront à une jeune fille sans expérience pour lutter contre les entraînements de la nature, et des milieux et circonstances de corruption. Que la jeune fille ne soit jamais seule, voilà l'unique garantie.

La plus triste pensée pour un père et pour un éducateur, c'est de se dire que la nature est presque tout, et que les meilleurs conseils et exemples et la plus aimante sollicitude ne peuvent presque rien contre le tourbillon de l'air empesté d'un monde mauvais. La surveillance et la claustration dans une pension et dans la famille, empêcheront beaucoup de mal; mais on comprend que ce n'est là qu'un moyen factice qui ne peut pas durer, et quand il cesse,

Chassez le naturel, il revient au galop.

De deux frères élevés avec le même amour et dans le même centre d'existence, l'un est naturellement bon et l'autre mauvais; l'un est vif et l'autre indolent; l'un est doux et l'autre violent; l'un est travailleur et l'autre paresseux; l'un est aimant et caressant, l'autre égoïste et froid; l'un est vertueux et l'autre vicieux; l'un est très-intelligent et l'autre fort peu. Quand ces natures quittent la claustration et la contrainte de la famille ou de la pension et se trouvent jetées dans le monde, les mauvaises y développent tous leurs vices, les médiocres s'y perdent et les bonnes ne résistent qu'avec de grandes souffrances. La nature ne peut être combattue qu'avec une atmosphère générale, vertueuse, par un sol de devoir et d'habitudes civiques et austères dans chaque milieu d'existence, comme cela s'est vu à Sparte et à Rome républicaine, les deux seules sociétés vertueuses qu'il y ait eu, et surtout par l'organisation de la société sur ses quatre bases normales, et de la famille et de la profession sur les éléments philodéoniques,

Puis, quand la jeunesse se trouve détournée des idées de dignité et de liberté et des aspirations généreuses, elle répand son besoin naturel d'expansion dans la corruption. Ce furent le despotisme et la fausse dévotion du règne de Louis XIV, qui produisirent la jeunesse et les roués de la Régence et de Louis XV. Mais au milieu du XVIIIe siècle, la philosophie forma une nouvelle génération et celle-ci fit la révolution et les grandes choses de 89.

Quant à l'instruction, les intelligences et les volontés sont si différentes, les interruptions, les paresses si fréquentes, que les neuf dixièmes des élèves d'une classe un peu nombreuse, ne peuvent suivre les cours ordinaires, et laissent dans chaque étude de tels vides, qu'ils n'en savent aucune. Le système ordinaire d'enseignement ne convient pas à la majorité, c'est-à-dire aux élèves pressés et aux intelligences difficiles; l'ignorance du plus grand nombre en est la condamnation; puis, que d'idées fausses données par l'éducation ordinaire! L'éducation ne sera sur ses trois bases normales que quand elle sera établie sur la dignité, la vérité et la rapidité de méthode.

L'éducation morale n'est possible que dans la famille ou dans un groupe à petit nombre, préservée des contacts des natures mauvaises et viciées, avec la surveillance incessante, dévouée et intéressée d'un père et d'une mère; si l'enfant donne dans un tort, c'est sa famille qui peut lui offrir les moyens de le cacher au monde et de l'expier. Quant à l'instruction, elle ne peut réussir que dans deux conditions : si le maître est à même de suivre pas à pas chaque enfant, et de combler les vides qu'y mettent tant de causes; puis si la méthode se prête à toutes les intelligences et à toutes les exigences pressées.

L'instruction gratuite, l'état la doit à tous ceux qui ne peuvent pas payer; mais l'État ne doit pas imposer des charges à tous les citoyens pour donner gratuitement la nourriture du corps et celle de l'esprit à ceux qui peuvent les payer, et c'est même le devoir des familles qui en ont les moyens, de préserver leurs enfants d'un tohu bohu aussi fatal pour la moralité que nuisible aux progrès. Dans les écoles communales où la moitié des élèves paye et l'autre ne paye pas, c'est cette dernière qui travaille le moins et qui a le plus de mauvais élèves. Parents et enfants attachent plus d'importance à ce qui leur impose un sacrifice; ainsi est faite la nature.

L'instruction obligatoire est une atteinte à la liberté; mais portez à s'éclairer en rattachant le devoir au droit, en n'accordant le droit qu'à la condition du devoir, qu'à la condition d'avoir l'instruction nécessaire pour le comprendre.

Le fait, le voici : le plus grand nombre n'a ni éducation morale ni instruction, et la transformation ne peut être obtenue que dans des conditions qui n'existent pas du tout aujourd'hui et qui se trouvent, et qu'on pourra étudier dans l'organisation philodéonique.

CHAPITRE II.

Mon autre souvenir de collége se rattache au régime de la Restauration. Un de mes proviseurs me disait : vous avez un caractère trop indépendant, vous n'arriverez pas, savez-vous comment je suis devenu proviseur? c'est en allant à la même église que M. le duc de M*** et en lui offrant ma chaise quand il n'en avait pas. Il voulut reconnaître mes petits services et mon assiduité aux mêmes exercices de dévotion que lui et me fit nommer proviseur. Le réglement universitaire forçait les élèves à aller à confesse tous les mois; mais notre proviseur voulait qu'on y allât toutes les semaines et qu'on remît son nom à l'aumônier. Ceux dont les noms manquaient étaient mandés chez le proviseur, qui les traitait d'anarchistes et de gens se lavant la conscience avec du savon noir, et il menaçait de les priver des certificats nécessaires pour passer leurs examens de bachelier ou pour entrer dans un emploi. Pontivy eut une année la visite théâtrale de son député, le comte D***, un des ultras du crû; il fut reçu avec un enthousiasme officiel, et on lui donna dans la grande salle du lycée un bal en vue duquel on nous envoya nous coucher, ce qui était inutile, attendu qu'il nous empêcha de dormir. Mon proviseur me cloîtra pendant la promenade du dimanche, en m'enjoignant de faire des vers à la gloire du comte D*** et de Louis XVIII; plutôt que d'écrire contre ma conscience en faveur de gens dont les mérites ne m'inspiraient pas, surtout les mérites à l'état latent du député, je préférai subir les punitions de mon proviseur et les coups de poing de mes ultras camarades auxquels je crus de mon honneur de les rendre, ainsi qu'à mon proviseur sa plume et son papier immaculé, sans aucune tache de poésie.

La restauration des Bourbons rendit à la France la paix qui releva les fortunes et le travail, et donna un brillant essor aux lettres et aux arts; elle octroya la Charte, égide fort trouée, mais à l'abri de laquelle il y eut une quasi-liberté. Mais la Restauration ne fut qu'un régime pseudo-constitutionnel et théocratique, et mieux vaut le despotisme franc que l'hypocrisie de la liberté, car là, du moins, on sait à quoi s'en tenir; ici, jamais : une constitution proclame des droits, on les retire avec des lois. Une loi donne une liberté; l'autorité, par ses agens et par ses mesures administratives, paralyse et fraude la loi et en vient à dire : Je suis tout, et vous et la loi, rien. Un droit n'en est pas un, quand il est soumis à une autorisation et à une suppression arbitraire alors qu'il n'y a pas désordre. Droit et autorisation sont deux mots qui s'excluent, car ce qui constitue le droit, c'est précisément le non besoin d'autorisation. Ainsi, j'ai le droit de me loger, de me nourrir, de me vêtir, j'ai le droit de voter; j'ai le droit d'écrire un livre, mais je n'ai pas le droit d'écrire un journal, précisément parce qu'il me faut l'autorisation du gouvernement. La constitution proclame la liberté de conscience et de culte; mais la loi et l'autorité défendent de prier dans un temple non officiel et d'ouvrir une école philosophique. Le régime pseudo-constitutionnel et théocratique ne réussit pas aux Bourbons. Tout ce qui est faux et illogique n'est que de l'ordre factice, n'est que du gâchis; c'est, dans les esprits, l'anarchie, la révolte sourde qui finit par éclater et par briser ceux qui se croyaient habiles en faisant du mensonge. La vérité seule est une force.

CHAPITRE III

Dieu m'a donné la tendance naturelle, la vocation du dévouement; c'est donc à lui qu'en revient tout le mérite; je n'ai tout au plus que celui d'avoir persévéré dans la carrière des déboires; je ne sais pas même si je dois remercier Dieu de la mission de souffrir qu'il m'a donnée, et pour toute vengeance, je la souhaite à mes ennemis; ou plutôt je bénirai mes souffrances, si en les écrivant je puis en préserver mes semblables et éclairer la société. La carrière médicale dut donc me sourire; je me sentis heureux d'avance de conserver un père à sa famille, de prolonger, de sauver une existence utile, de diminuer la source des maux de notre pauvre espèce humaine; mais je m'aperçus bientôt que cette carrière ne pouvait aller ni à ma conscience ni à mes vues. La médecine est une science trop conjecturale qui se trompe presque forcément, et souvent, les malades eux-mêmes vous forcent en quelque sorte à les droguer, sous peine de vous faire passer pour un ignorant et de vous laisser sans clientelle.

A l'hôpital de la Marine de Brest, le chirurgien-major de chaque salle change souvent, parce que chacun embarque ou se déplace à son tour;

Chaque salle a en général pour malades des jeunes gens marins ou soldats. Je remarquai que sous la direction de médecins qui droguaient et opéraient beaucoup, la plupart des malades mouraient ou sortaient de l'hôpital avec une santé ruinée; je remarquai que les médecins les plus instruits se trompent involontairement et souvent. La médecine ne voyant pas l'état de l'organe qu'elle traite, ne peut être qu'une science très-conjecturale, condamnée souvent même à donner la maladie du remède. Un chirurgien major qui était devenu fou à force de travailler, et qu'on n'embarquait plus, bien que sa raison parût revenue, fut chargé de la salle où j'étais carabin; avec lui, plus de remèdes ni d'opérations; de la diète et de l'eau, ou une boisson inoffensive pour calmer la soif; voilà tout à moins de cas exceptionnels. Presque personne ne mourait plus, et chacun sortait de l'hôpital avec la constitution qu'il avait en y entrant. Moi-même je tombai malade à cette époque, et fus parfaitement guéri par M. W*** et par sa médecine de la nature. Ma mère a vécu 82 ans en suivant ce système et en refusant de se laisser droguer. La reine Élisabeth a obtenu du même système le même résultat, et comme l'a dit en mourant une des célébrités médicales : après avoir fait beaucoup de science, je suis forcé de reconnaître que la meilleure médecine est la médecine des chiens.

Je ne dis tout ceci que pour éclairer la majorité des gens trop portée à se droguer et pour arriver à cette conclusion utile :

Quand vous êtes malade, faites venir le médecin parce qu'il peut vous donner des conseils utiles de gouverne hygiénique ou propres à empêcher vos imprudences et vous indiquer quelques moyens d'apaisement simples et sans dangers. Mais à moins de maladies exceptionnelles et tout à fait menaçantes, laissez la nature accomplir ses périodes maladifs et se remettre d'elle-même, refusez tout remède violent, tout poison et toutes ces thérapeutiques compliquées qui délabrent la santé, changent et détériorent le tempérament; ne vous exposez pas à la maladie du remède; refusez aussi tout remède cher, et dites-vous qu'un remède à deux sous fait autant d'effet. Linnée l'a dit avec raison : le médecin qui fait de longues ordonnances pèche par fraude ou par ignorance. Puissent aussi la société et leur conscience faire comprendre aux médecins que leurs prix exagérés pour des visites de cinq minutes et surtout leurs exigences exorbitantes pour des opérations d'un quart d'heure, sont une déloyauté et une inhumanité, et qu'on ne fait pas honneur à sa profession quand on la rend la cause de la gêne d'une famille. A quoi bon me guérir d'une maladie de la nature, pour me donner la maladie ou la mort de la misère ? à quoi bon me laisser dans la vie après m'avoir ruiné le corps et la bourse ?

La médecine de la nature — en voici la règle hygiénique et médicale : La vie a deux principaux éléments : l'air et le sang; respirez un air pur et faites-vous un sang pur par une nourriture saine, une vie sans excès et un exercice nécessaire à la circulation. — Le corps se débarrasse de ses molécules nuisibles et morbides par cinq secrétions; maintenez régulières ou rappelez les cinq secrétions par un régime hygiénique dans les besoins de la nature et sans vous droguer toutes les semaines; les maladies ordinaires, laissez-les accomplir leurs périodes naturelles, en vous bornant à des moyens de simple soulagement et de prudence, et n'usez que de remèdes simples et sans danger ni cherté.

Quant au remède spécial à chaque maladie ou blessure ordinaire, la médecine de la nature n'admet que ceux qui guérissent 18 fois sur 20, simples, sans danger ni cherté. Je publierai le petit travail de détail de la médecine de la nature quand il sera complet, bien éprouvé et bien constaté.

CHAPITRE IV

Mon autre souvenir d'hôpital qui a une portée sociale, c'est une religieuse. Son humilité monastique et mon humilité de carabin se donnèrent une confiance réciproque, en tout bien tout honneur; nous eûmes dans le cabinet vitré de la salle quelques entretiens d'abord sur l'état des religieuses; puis elle m'avoua que la plupart se trouvaient malheureuses et se repentaient du coup de tête d'un amour trompé ou du mouvement d'égoïsme d'avoir abandonné leur famille pour en fuir la gêne et les tristesses. Ce sont là les deux causes ordinaires des prises de voile; mais le temps cicatrise et ferme à la longue les plaies du cœur, et parfois, les familles surmontent leur gêne et leurs tristesses; lors, on compare et on regrette, on a eu un moment de fièvre dévote, mais elle tombe peu à peu, la sensibilité religieuse du cœur s'émousse même sous l'exagération et le formalisme des pratiques de dévotion; la forme tue le fond et c'est ce qui explique la sécheresse de cœur des dévots. La plupart de nous, me dit-elle, voudraient quitter le couvent; mais on est retenu et par les mille replis de la chaîne claustrale, et par la crainte d'une position fausse dans le monde. Elle avait conservé et caché trois bijoux, souvenirs de son père, de sa mère et de l'ingrat qu'elle avait aimé. Elle m'en confia un pour le faire raccommoder. Elle était comme tous ceux qui souffrent, heureuse de trouver un cœur qui la comprît, et où épancher sa tristesse et sa pensée. Tout à coup, elle quitta l'hôpital et je ne la revis plus.

J'ai eu dans ma vie deux autres religieuses : ma cousine Honorine, elle, je le crois, ne souffre pas. C'est une de ces heureuses natures qui s'adaptent à toute existence et se trouvent bien partout. Bonne et consciencieuse fille dans ses devoirs de religieuse utile, mais qui a une mère veuve, tendre pour elle, et qu'elle a eu le tort de sacrifier et de délaisser. Ma cousine était attachée à un des hospices de Paris, et venait chaque semaine passer quelques heures avec ma famille. Elle aussi, disparut tout à coup sans même nous avoir écrit; mais plus tard, nous avons appris qu'on l'avait enfouie dans un couvent de Bretagne.

Ma troisième religieuse, c'est une de mes élèves les plus distinguées, Em. de C... Une nature d'élite comme intelligence et comme cœur pendant son enfance. Son père, un noble dont le nom a retenti sous Louis-Philippe, se fit mettre sous clef par amour pour son prince, un anarchiste d'alors. Em..., l'enfant de huit ou neuf ans, se rendait chaque semaine à la prison de son père et se faisait admirer de tous les détenus politiques par son amour filial et son intelligence de consolation. Cette famille a mal tourné : La sœur d'Em... a épousé un marquis dans une position fort roturière ; le père a perdu sa fortune, et son existence s'est trouvée déclassée. J'ai compris qu'Em... ait refusé les mariages qui s'étaient présentés, trouvant tous ces gandins trop inférieurs à elle comme esprit et comme cœur et n'espérant pas avec eux une vie commune de bonheur. Elle se voua à des œuvres de charité, ce qui était bien ; puis elle donna dans l'ultra-dévotion, ce qui fut mal, car ceci la porta à abandonner son père et sa mère, alors que ses parents n'avaient plus qu'elle, avaient le plus besoin de son amour et de ses soins. Le bon cœur d'Em... enfant, se dessécha aussi dans le formalisme dévot, et pour fuir la gêne et l'abaissement de position de sa famille, elle alla même jusqu'à se cloîtrer, jusqu'à rendre sa vie inutile à ses semblables. J'ignorai tout cela, car quelque affection que je conserve pour mes élèves, je n'ai pas le temps de les revoir souvent. Quand une de ses amies de pension m'apprit cet acte d'égoïsme, je fus saisi de surprise et de désenchantement, et c'est surtout Em... qui m'a inspiré les vers du premier chant de mon poëme philodéonique. La sainte, pour moi, c'est une autre de mes élèves, l'amie de pension d'Em... ; oui, c'est Eug. de R..., qui douée d'un physique agréable, d'un esprit cultivé et d'une brillante fortune, refuse les mariages qui se présentent, et pour rester se dévouer pour son vieux père infirme. Si je ne craignais de blesser sa modestie, je donnerai au nom de mon élève pour piédestal, la biographie de son professeur.

Quoi ! Dieu vous met dans le monde, et vous auriez le droit de quitter le poste où il vous place et de rendre votre existence inutile en la cloîtrant ! Quoi ! un père et une mère se sacrifieront vingt ans pour vous, et vous auriez le droit de les abandonner dans leur vieillesse et dans leurs tristesses, et de leur dire : je ne vous connais plus. Sans doute, cela est dans l'Évangile : « Qui ne quitte pas son père, sa mère et ses frères pour me suivre au salut n'est pas un vrai chrétien. Qu'est-ce que ma mère et mes frères ? Femme, qu'y a-t-il de commun entre vous et moi ? » Cela s'explique parce que Jésus fut peu aimé, raillé et repoussé dans ses idées par sa famille ; mais cela n'est pas dans la loi du cœur ni dans la loi de l'humanité, ces deux grands codes de Dieu. Que parlez-vous de vocation ? est-ce qu'on ne peut pas prier dans le monde ? qui est-ce qui vous empêche d'aller tous les jours à la messe et d'avoir un crucifix dans votre chambre? Laissant même de côté l'égoïsme claustral, si c'est par les sacrifices et le dévouement qu'on acquiert le ciel, où a-t-on plus à souffrir, à se sacrifier et à se dévouer que dans la famille et dans le monde? vous voulez instruire l'enfance? faites-vous institutrice. Vous voulez soigner les malades? allez gratuitement les soigner et leur économiser les cinq francs qu'on donne pour son couvent à la sœur garde-malade. Vous voulez distribuer des aumônes? faites-vous dame de charité. Dieu maudirait le père qui abandonne sa fille, et il bénirait la fille qui abandonne son père! non, non; je n'admets que deux cas où le refuge dans un couvent soit excusable : celui de la jeune fille sans parents et sans soutiens; et celui de la jeune fille haïe de ses parents. Oui, quand tout nous manque, Dieu nous reste.

CHAPITRE V

Dans ma Bretagne, je passais la journée à étudier les mœurs, les monuments et l'histoire des campagnes, puis les grandes questions qui préoccupent les sociétés; je composai là les premiers éléments, le cadre de mon poëme philodéonique dans lequel je m'efforce de populariser les grandes questions de devoir, de principes, de travail et d'instruction, de mettre en relief et de poser dans le vrai les idées religieuses, politiques et sociales sur lesquelles les hommes se divisent et se fourvoient; j'ai adopté la forme d'un roman émouvant afin de me faire lire du plus grand nombre, et je l'ai écrit en vers parce que les vers s'apprennent et se retiennent. J'ai pensé aussi en augmenter l'intérêt en lui donnant le cadre pittoresque de la Bretagne et en le rattachant aux idées et aux faits de l'histoire depuis 1789.

La Révolution de 1830 était dans mes principes et je lui offris dans ma province le dévouement, du reste restreint, que la province eut à manifester, mais qui aurait coûté cher si cette révolution n'avait pas réussi. Tant que le danger dure, on porte en triomphe ceux qui se dévouent; quand le danger est passé, on les renie.

En 1832, je fis servir l'influence que j'avais acquise sur les paysans, d'abord, à les détourner de se compromettre inutilement et de troubler leur pays pour une cause déchue et impuissante; puis au moment du choléra, à sauver de leurs fourches et de leurs fusils les bourgeois qui venaient dans les campagnes pour affaires, but d'art ou de curiosité. Les paysans s'imaginaient que c'étaient des malfaiteurs qui venaient empoisonner leurs sources ou porter l'air fal, le mauvais air sur leurs bestiaux et leurs chaumières.

Ce qui peut seul distinguer l'homme de l'animal, c'est la culture et la dignité de l'âme; l'ignorant est l'égal de la brute, et lui est même souvent inférieur, comme intelligence et comme cœur; il n'y a presque aucune différence entre la vie du paysan breton et celle de son bœuf : boire, manger, dormir et travailler machinalement des membres; il ne cultive jamais son esprit ni son cœur. Sa religion n'est qu'une aveugle superstition; sa dévotion, excessive du reste, ne consiste que dans des pratiques superstitieuses, sa foi que dans la croyance au diable et aux amulettes. Tous les sermons peuvent se résumer en ces mots : Faites ce que je vous ordonne ou le diable avec ses cornes et ses griffes viendra la nuit vous tirer par les pieds, jeter un sort sur vos bestiaux, et faire passer le *cariquel ancou*, la brouette de la mort, par vos chaumières. Le paysan breton est grossier, sale, ivrogne, de mauvaise foi dans ses marchés, et têtu jusque dans ses torts; il a la religion de la forme sans avoir la religion du fond, et la trop grande importance donnée à l'une fait oublier l'autre. Il y a là, comme partout, de braves gens, quelques bonnes et exceptionnelles natures. Dans les campagnes de la Bretagne, il y a trois existences sociales : le curé, le hobereau et le paysan. Le curé qui est tout puissant, tant que ce qu'il exige ne compromet pas trop les intérêts matériels du paysan; le hobereau, mollusque dans sa coquille, enfoui dans le domaine de ses aïeux, et qui se croit toujours au bon vieux temps: j'en ai trouvé qui, malgré mes observations, ont donné, à la cause de la duchesse de Berry, des sommes au-delà de leurs ressources, et qui en ont été réduits à demander plus tard à l'usurpateur Louis-Philippe un modeste bureau de poste ou de tabac : le paysan qui, lui, dans son ignorance, ne peut pas avoir d'opinion: aussi, ai-je souvent entendu les paysans, dans leurs noces et dans leurs foires, chanter le *Domine salvum fac regem Philippum*, et quand je leur lisais les faits et gestes et l'arrestation de cette duchesse de Berry, qui acheva de perdre son parti, en n'ayant pas la vertu d'être mère, le grand papa se signait en disant : Oui, mes très-chers frères, ces grands seigneurs ne font que des abominations au bon Dieu.

J'ai passé bien des jours de ma vie au sein des dangers; mais je dois répondre ici à ceux qui m'accusaient de m'y jeter par bravade ou tocade : je ne me suis jamais fait ni l'une ni l'autre du danger, et je n'ai jamais cherché un danger sans être forcé de ne pouvoir faire autrement pour atteindre un but utile; mais quand j'ai un but, j'en suis tellement préoccupé que je ne songe pas au danger. A Brest, puisque j'y suis encore dans ma biographie, le jour j'allais seul et sans armes faire à pied des huit et dix lieues dans les endroits les plus déserts et les plus sauvages; mais j'avais un but : l'étude d'une ruine, d'un site, d'un usage; la nuit, j'allais sur le bord de la mer, mais c'était pour étudier les astres et les phénomènes de la nature sous un ciel étendu et bien à découvert.

Dans un pays où il y avait un bagne d'où s'évadaient presque chaque jour des forçats, et dans tous ces lieux où le secours était impossible, on pouvait se trouver dans des positions critiques, et j'ai assez souvent fait des rencontres douteuses; je payais d'audace et marchais droit à l'individu en ayant l'air d'avoir une arme sous mes vêtements; je me disais que contre un homme seul, je me défendrais avec la première chose qui me tomberait sous la main, et que s'ils étaient plusieurs, je ne pourrais me sauver même avec une arme. Quand à Paris, j'allais me jeter seul et sans armes au milieu des émeutes et des coalitions, ce n'était pas du tout par tocade de braver des balles, des barricades et un peuple en courroux. J'avais deux buts: étudier la question sur les lieux, et tâcher d'éclairer et de ramener quelques-uns des égarés des deux côtés. La preuve que ce n'est point par simple bravade que j'affronte un danger, c'est qu'on ne me ferait ni attaquer une bête féroce, ni aller dans un endroit dangereux, dans le seul but de prouver mon courage; c'est que depuis quelques années, je ne me mêle plus à rien, absorbé que je suis dans mes ouvrages, pour terminer mes manuscrits, pour continuer mon apostolat intellectuel et moral, pour poser mon œuvre et faire son avenir. Je n'ai pas trop du courage et de la force qui me restent, pour lutter contre les orages que me suscitent les corrompus intéressés, ennemis de la dignité, de la vérité et de l'instruction, et les malheurs qui frappent coup sur coup ma vie professionnelle et privée.

Je dirai du bien de moi, puisque je dirai ce que j'ai fait; mais c'est sans arrière-pensée de me vanter, ni d'en tirer parti. En 1864, j'ai cinquante-six ans, je n'ai donc plus rien à attendre pour moi-même. Je n'ai d'autre but que de montrer en moi le sort que fait une société mal organisée à l'homme qui, toute sa vie, a voulu et fait le bien, et de la porter à se réformer dans l'intérêt des honnêtes gens et dans le sien à elle-même. C'est la réponse des faits à mes ennemis qui au lieu de passer leur temps à me calomnier l'emploieraient beaucoup mieux à faire ce que je fais; la société s'en trouverait mieux. La preuve qu'il n'y a pas de vanité de ma part, c'est que je suis resté inconnu du plus grand nombre, et que je n'ai jamais fait parler de ma vie par les journaux.

CHAPITRE VI

La médecine étant un art trop conjectural et qui m'aurait causé trop de remords, quoique j'eusse très-involontairement aggravé le mal ou tué mon client, j'espérai réussir avec plus de sûreté dans la guérison de l'esprit et du cœur. Un homme étant tout entier dans son idée, elle doit former le point de départ et le chapitre de base de sa biographie. On trouvera, à la fin de ce volume un exposé de l'organisation philodéonique et de l'enseignement Buessard.

Je ne pouvais étudier et mettre à exécution mon idée qu'à Paris. Pour ne plus rien demander à ma mère déjà trop restreinte, je vécus plusieurs mois avec un déjeuner de pain sec et un diner de pommes de terre, dans une chambre sans feu. Louis-Philippe, qui avait connu mon père, voulut bien témoigner le désir de me voir. Je profitai de l'occasion pour lui remettre un mémoire sur l'état de la Bretagne et pour lui montrer que les préfets et sous-préfets envoyés de Paris sans connaître les mœurs exceptionnelles de leurs administrés, étaient la principale cause des perturbations qui surgissaient çà et là. Le paysan breton est trop ignorant et trop isolé dans ses champs pour avoir une opinion politique ; comme l'usage est de laisser les contributions à sa charge, quand il paye peu et qu'on ne le contrarie pas dans ses usages, il dit : nous avons un bon gouvernement ; dans le cas contraire : nous avons un mauvais gouvernement. Deux exemples suffiront pour le faire comprendre : Un jour, à une foire de chevaux, je dînais chez le maire ; arrive le sous-préfet qui venait pour distribuer les primes, mais qui venait sans argent comptant. Le bonheur du paysan est de faire sonner cet argent dans sa main et de le montrer le soir dans une veillée du hameau. C'est gênant, dit le sous-préfet, de porter des sacs d'argent ; je leur donnerai des bons à aller toucher dans la semaine. Vous pouvez, lui dis-je, remonter dans votre cabriolet et vous sauver au plus vite ; vous entendez ces paysans qui chantent dans les cabarets et sur le champ de foire le *Domine salvum fac regem Philippum* ; vous allez entendre de tout autres chansons. — Ce sont donc des brutes, que vos bretons, s'écria le sous-préfet ! — C'est possible, lui répondis-je, mais la première condition d'une bonne administration c'est de connaître ses administrés. La journée commencée par une fête se termina par une émeute.

Un autre jour il s'agissait d'élections municipales, et l'église du village était le seul local assez vaste. Les paysans se mirent dans la tête qu'ils ne devaient pas se découvrir devant l'autel et devant Dieu, parcequ'il ne s'agissait pas en ce moment d'un office religieux ; le curé, furieux, leur intima en vain l'ordre de tirer leurs chapeaux : moi j'engageai en vain à ne pas faire attention à ce fait sans mauvaise intention ; le maire étant, dans les villages, la créature et l'homme lige du curé, ne sut qu'obéir à l'inintelligente volonté du prêtre, et ordonna aux trois gendarmes d'aller arracher le chapeau à ceux qui ne voudraient pas l'ôter ; les paysans rossèrent l'autorité et l'élection fut remise.

M. Guizot, ministre de l'instruction publique, m'offrit de m'envoyer exposer mes nouveaux moyens d'enseignement devant l'école normale de Versailles, et bien qu'à cette époque de 1837 ma méthode ne fût pas encore publiée, fût encore sous presse, j'acceptai avec empressement ce moyen de m'éclairer sur la valeur de mes idées. Le rapport de l'inspecteur général président se résumait ainsi : « Tout en regrettant de ne pouvoir juger l'ensemble d'une méthode qui n'est point encore publiée, nous avons remarqué dans les nouvelles solutions exposées par M. Paul Buessard des formules qui prêtent efficacement aide à l'enseignement, en résumant les faits d'une manière complète et qui dénotent une attention intelligente, beaucoup d'expérience et un certain tact à deviner tout ce qui peut frapper l'esprit des enfants ; cette méthode nous paraît excellente, surtout pour la pratique. »

On m'offrit d'entrer dans l'Université ; mais, voulant établir un enseignement sur la dignité, la vérité et la rapidité de méthode, et un enseignement destiné précisément à ceux avec lesquels la méthode officielle n'arrive pas, je devais me tenir en dehors. On m'a parfois offert de s'employer pour moi et de me faire obtenir une position avantageuse ; j'ai toujours refusé parce que je sens que mon caractère est trop indépendant pour pouvoir se prêter aux exigences imposées à ceux qui se trouvent et s'appellent eux-mêmes les serfs de l'Etat ; puis je désirais être quelque chose par moi-même, et je souffrirais de l'idée que j'ai pu faire le bien avec une arrière-pensée d'intérêt ou d'ambition. Quant à la décoration, chose qui paraîtra bizarre, je l'aurais peut-être acceptée au commencement de ma carrière, alors que je ne me sentais pas une valeur reconnue. Cela donne un relief factice, mais qui contribue à faire faire son chemin à un homme ou à une idée ; si on me l'avait offerte après une épreuve publique et réussie de ma méthode, j'aurais peut-être cru servir mon idée en acceptant ; mais à mesure que l'expérience me montrait la valeur réelle de mon idée et en donnait une à ma vie, j'aurais été contrarié d'un relief factice commun à tant de nullités ; puis mes principes se formulant plus nettement dans mon esprit et se fortifiant par l'étude et par l'expérience, je compris que les décorations sont trop souvent plutôt un moyen de corruption qu'un véritable signe de gloire. Béranger et Lamennais n'en sont pas moins connus, bien que n'ayant pas été décorés, et telles nullités ne sont pas plus connues, bien que décorées. L'homme vaut par lui-même et ne doit valoir que par lui-même.

Pendant trois ans, je me chargeai des enfants du peuple de Passy, garçons et filles, qui allaient quitter l'école pour entrer en apprentissage, et qui ne savaient rien. Je leur enseignai en peu de temps à lire, à écrire, à compter, à mettre l'orthographe élémentaire ; je m'attachais aussi à détourner les enfants d'aller vagabonder dans les rues, les ouvriers de faire le lundi et de passer leur temps au cabaret. Je récompensais chaque progrès, chaque réforme par le don d'une tirelire, d'un vêtement ou d'un autre objet qui leur manquait; puis je leur cherchais des apprentissages avantageux et moraux. Je fis tout ce bien sans être secondé, en partageant avec eux le peu que je gagnais et en vivant moi-même de privations. On me donnait de grands éloges, mais on ne m'accordait que peu d'appui. Deux personnes seulement ajoutèrent à leurs témoignages de sympathie une légère offrande : le si bon M. de Las Cases et l'aussi bon M. M..., chef d'une administration, et dont j'avais les deux demoiselles pour élèves; l'une d'elles est aujourd'hui la femme d'un maréchal de France.

Je perdis jeune la mère de mes deux filles; à un chagrin de carrière vient s'ajouter presque toujours dans ma vie un chagrin de cœur: je me fis le père nourricier de mes enfants et les élevai moi-même au biberon; chaque nuit j'étais deux ou trois fois sur pied pour les soigner. J'ai renoncé pour elles à toutes passions, à tous plaisirs, à toute vie agréable mais entraînant à la dépense et à l'éloignement du foyer de famille; je leur ai donné mon dévouement de tous les jours, de tous les instants; mais je n'ai pu les faire élever que dans les centres et par le système ordinaire d'éducation; je n'ai pu les empêcher de respirer le mauvais air général, et je tremble en pensant qu'il ne faut qu'un moment pour que le torrent me les prenne et fasse d'elles ses victimes. Ma mère, ma providence, vint m'aider à élever mes enfants; elle quitta sa province, ses habitudes, ses amies, elle quitta tout pour venir se dévouer; et c'est pour être digne d'elle et pour rendre son ombre heureuse que je me sacrifie pour mes enfants.

En voyant les progrès que j'obtenais si différents des résultats ordinaires, je crus à un peu de succès et à un peu d'aisance; j'eus donc un double plaisir à voir venir ma mère; naturelles mais cruelles illusions des jeunes cœurs! je pris les moyens de publicité ordinaires: je fis des annonces, des affiches et des prospectus; jamais ni les uns ni les autres ne m'ont produit une leçon ni même une vente de livres qui couvrît les frais de publicité, ni une famille qui établît en elle l'œuvre et les intermèdes philodéoniques. Je n'ai jamais rien obtenu que par recommandations et surtout en payant de ma personne, en montrant des progrès dix fois plus rapides et en me faisant l'apôtre et le martyr de mon idée. Que ceci serve de guide à ces pauvres illusionnés qui s'imaginent qu'il suffit de faire un bon livre et des annonces pour le vendre. Il m'a fallu une force d'âme et de conviction, et une persévérance de toute ma vie, et pour n'arriver que pas à pas et sans cesse entravé et brisé par des obstacles sans nombre, par la routine, par les corrompus, par la pauvreté. Mais bénie soit l'étude! bénis soient mes ouvrages et mon œuvre, car je leur dois mon soutien dans le bien et mes lueurs de bonheur dans mes souffrances! et que mes filles les bénissent aussi, car c'est à eux qu'elles doivent d'avoir eu un père rangé, restant avec charme au foyer domestique, et leur consacrant et leur économisant l'argent qu'autrement j'aurais gaspillé dans les plaisirs du monde, car ce sont mes ouvrages dont l'argent de vente en réserve m'a permis, dans mes moments de gêne et de vide de leçons, de ne pas laisser mes filles manquer du nécessaire !

Une des plus plus grandes répugnances de mon caractère, est de me présenter chez des individus que je ne connais pas, pour une sollicitation ou un placement, et je me laisserais mourir de faim plutôt que de m'exposer à des affronts de chaque jour. Je fais nécessairement exception pour l'emploi de commis voyageur du commerce, où il est reçu d'aller de magasin en magasin offrir une marchandise. Eh bien ! telle est ma vocation, telle est ma foi dans mon idée, tel est mon désir de la rendre utile, que j'y puise la force de dompter ma répugnance, que ma vie de chaque jour est d'aller exposer ma méthode aux instituteurs et institutrices. Heureusement ils me font un bon accueil, et trois sur quatre me prennent ma méthode ; autrement, je n'aurais pas continué une semaine. Quand un d'eux m'a pris ma méthode, je reste sur ce petit bien aise, et je ne revois plus d'autre instituteur le même jour. J'ai un public à moi de familles et d'instituteurs, le public des gens de cœur et de progrès ; j'ai contre moi les autres, les routiniers et les corrompus, malheureusement la majorité. Ceux qui vivent d'autre chose que de la dignité, de la vérité et du progrès, en ont naturellement peur, lui sont naturellement hostiles. Que les nobles cœurs qui m'accordent leur sympathie et leur encouragement reçoivent ici mes remerciements pour m'avoir facilité mon apostolat. Ils se servent de ma méthode et la dictent en attendant que l'heure soit venue de faire prendre mes livres aux élèves. Je serai peut-être mort quand cette heure sonnera ; mais je compte sur eux pour me tenir parole dans l'intérêt de l'humanité. Je m'impose encore un sacrifice pour publier mon organisation philodéonique, parce qu'on me dit qu'elle sera la seule planche de salut au sein d'un cataclysme possible. Quand l'heure sera venue, qu'ils lui donnent du retentissement, qu'ils en fassent des lectures et en public et en famille, ou plutôt qu'ils essayent avec moi d'épargner ce cataclysme à leur pays en propageant déjà l'œuvre philodéonique, la constitution de la société sur ses quatre bases normales : le devoir, les principes de dignité, le bien-être par le travail et l'instruction du plus grand nombre, et qu'avec ma méthode ils éclairent les ignorants qui ne le sont que par la faute de l'enseignement ordinaire.

CHAPITRE VII.

Un recensement ayant eu lieu pendant les vacances, je demandai à être chargé d'un quartier pour voir et étudier la vie intime de Paris. Puisse cette étude sur la vie privée et réelle, sur la famille, y avoir du retentissement et devenir le phare sur un écueil !

Dans une société mauvaise, la famille est la souffrance la plus cruelle, parce que c'est une souffrance de tous les jours. Le peu de mariages d'inclination sont le plus souvent entre pauvres, et bientôt la gêne vient détruire le bonheur et même la concorde de la famille ; en présence de la vie chère, difficile et luxueuse, beaucoup d'hommes croient sage de ne pas se marier ; d'autres ne trouvant que le frein des religions officielles et n'y croyant pas, en viennent à se dire que le bonheur est le but comme il est l'instinct ; et la passion, l'amour, n'étant le plus souvent qu'un caprice irréfléchi, le bonheur en lui est le changement, la variété, et c'est aussi là ce qui explique la polygamie.

La plupart des mariages sont de convenance et d'argent ; aussi les antipathies de caractères et d'idées ne tardent-elles pas à se manifester ; la vie commune devient insupportable et chacun vit de son côté ; d'après ce que m'ont dit les lorettes que j'ai recensées, leur public se compose surtout d'hommes mariés, leur disant les uns : ma femme m'est antipathique ; beaucoup d'autres : je ne veux pas avoir un enfant tous les ans et j'ai besoin de satisfaire mes passions. Le serment devant un maire et un curé de s'aimer toujours a été souvent attaqué comme faux et contre nature, parce que, a-t-on dit, le cœur n'est pas maître d'aimer ou de ne pas aimer ; quand on est honnête, ce n'est pas ce serment qui nous fait remplir nos devoirs ; et quand on ne l'est pas, ce n'est pas lui qui nous empêche de chercher le bonheur ailleurs que dans notre ménage. Dans une société mauvaise, il répugne à plus d'un honnête homme de forcer une femme qui ne l'aime plus à rester avec lui ou à le déshonorer par l'adultère ou d'en venir au scandale d'une séparation judiciaire. Voilà ce qui explique la constatation de la statistique que sur trois naissances il y a un enfant naturel. Mais quand un usage est établi, on se crée une position fausse et souvent douloureuse en bravant même un préjugé.

Les neuf dixièmes des familles, je les trouvai malheureuses par une ou plusieurs des cinq tristesses suivantes : la maladie, la mort, la discorde, le vice ou la gêne. La maladie et la mort sont souvent indépendantes de la société et de nous, mais n'en sont pas moins des causes d'affreuses souffrances et d'existence pénible pour le malade et pour sa famille. La mort fait des vides navrants et laisse souvent sans soutien une mère et ses enfants. Les trois autres tristesses de la famille, la discorde, le vice et la gêne, pourraient être fort amoindries par une meilleure organisation sociale et par les concessions mutuelles.

Les tristesses de famille que j'ai recensées sont trop nombreuses pour que je les relate toutes ; je m'en tiendrai aux faits qui se rattachent aux questions sur lesquelles je désire appeler une méditation utile. Un père avait le couteau levé sur sa fille coupable et s'écriait : je ne survivrai point à mon déshonneur, mais avant de me tuer moi-même il faut que je tue cette infâme ! la mère à genoux s'efforçait en vain de retenir son mari ; je m'élançai sur M. L*, je lui arrachai le couteau et lui dis : « Je suis père et j'ai deux filles ; voilà vingt ans que mes filles se conduisent bien ; mais dans une société mauvaise, aucun père ne peut dire que le lendemain sa fille ne sera pas perdue ; si ce malheur m'arrive, je souffrirai horriblement, je pleurerai du sang, mais je me dévouerai à les relever, à les cacher sur mon cœur, à leur faire expier leur faute, et je me croirai plus d'honneur en agissant ainsi qu'en les chassant ou en les tuant. Les fautes et l'honneur sont personnels ; les honnêtes gens ne pourront que me plaindre et m'estimer ; quant aux méchants, je n'ai aucun compte à tenir de leur opinion. Une leçon si terrible ne peut pas être perdue pour votre fille ; abandonnée par son séducteur, mère d'un enfant qu'il faut cacher au monde...

Allons, du cœur, malheureuse jeune fille, faites le serment à votre père et à votre mère d'expier votre faute et de vous vouer à votre enfant, tout en le cachant chez une nourrice mais à portée de vos soins de tous les jours ; puis quand vous perdrez vos parents, que votre seconde expiation soit de vous retirer dans une ville où vous ne serez pas connue, et d'y vivre avec votre enfant. » Madame L* était tombée sans connaissance ; M. L* se laissa embrasser par sa fille, sans lui rendre, il est vrai, son baiser ; mais c'était déjà beaucoup que ce que j'avais obtenu. Le propriétaire de ce père voulut abuser de sa fille et comme elle s'y refusa, il se vengea en donnant congé au père et en allant dire qu'il ne pouvait garder dans sa maison une jeune fille qui se conduisait mal. O turpitude humaine ! Ces deux pauvres parents sont morts de chagrin peu de mois après. Je n'ai pas revu la jeune Emilie ; elle a disparu sans donner son adresse ; j'aime à penser que c'est pour remplir son serment.

Dans une autre famille, la jeune fille eut aussi un enfant, car les désordres d'une femme aboutissent presque toujours là ou à une maladie. La mère paya une nourrice en province, mais signifia à sa fille que si elle continuait sa vie coupable, on ne se chargerait plus d'autres enfants et qu'elle en ferait ce qu'elle voudrait ; le premier mourut en nourrice ; quelque temps avant la mort de cet enfant, la jeune Cécile en eut un autre d'un jeune homme qui avait promis de l'épouser ; elle mit ce nouveau-né aux Enfants-Trouvés en attendant le mariage. Quand un mariage ne peut pas encore se faire et qu'il faut attendre, comment se peut-il qu'une jeune fille ait la coupable imprudence de se livrer! Sa mère lui disait souvent : quand il s'offre à nous un homme honorable pour nous réhabiliter, donnons-nous à lui avec reconnaissance; mais renonce à ce mariage avec un viveur endetté qui n'a que l'arrière-pensée de nous exploiter et qui plus tard aura peut-être même la lâcheté de te reprocher tes faiblesses pour lui. Voue-toi à ton enfant; je t'ai laissée le mettre aux Enfants-Trouvés pour essayer de te donner une leçon; mais je t'offre sans cesse de m'en charger si tu veux te consacrer à tes devoirs de mère. Oui, le jeune homme pour lequel elle se compromettait dans l'espoir d'avoir un mari, était un viveur endetté; que les jeunes filles se disent bien que celui qui n'a que des intentions honnêtes, tient non à compromettre et à souiller, mais à faire et à voir respecter celle qui doit devenir sa femme; que ce soit donc là enfin un criterium pour elles, au lieu de ces promesses vagues et de ces serments en l'air dont les moins scrupuleux sont les plus prodigues. Celui-ci demandait sans cesse de petites sommes à sa prétendue fiancée pour payer des dettes criardes présentées comme dettes pour choses utiles, et il devait toujours sous peu toucher de l'argent et rendre celui qu'il demandait. Il menaçait de la quitter et même de se tuer, et la jeune fille, elle aussi, mentait sans cesse à sa mère comme tous ceux qui font le mal.

A la suite d'une faute grave de sa fille, cette mère accourut chez moi désolée et furieuse en me disant : c'en est trop, quelle devienne ce qu'elle pourra, je ne la reverrai jamais! non pauvre mère, lui répondis-je, non encore un dernier effort et je m'y associerai; c'est moi qui irai près de votre fille et j'espère vous la rendre et vous la rendre corrigée. Je pris des informations sur le jeune homme et sur son genre de vie, et je mis à même la jeune fille de voir son prétendu ami et fiancé, au bras d'une femme qu'il conduisait à un bal du demi-monde. Je craignis un moment d'avoir pris un remède trop héroique, car Cécile se trouva mal; je fus obligé de prendre un fiacre, et elle ne revint à elle qu'une demi-heure après que je l'eus ramenée chez sa mère et déposée sur un lit. Elle fit une maladie de huit jours, mais son cœur fut guéri, elle a versé des larmes sincères dans le sein de sa mère; elle partage sa vie entre sa mère et son enfant et elle se trouve heureuse parce qu'elle est contente d'elle-même, parce qu'elle sent la vertu et Dieu revenus dans son cœur, parce que sa mère la bénit et l'embrasse. Oh! pitié et estime pour elle; il y a souvent plus de vertu à réparer une faute qu'à ne pas en commettre. Cette jeune fille n'était pas vicieuse; elle avait été jusque là vertueuse, pieuse et travailleuse; mais dans une société mauvaise, un jour suffit pour perdre une jeune fille sans expérience, et une fois dans le tourbillon des passions et des illusions, la tête et le cœur éprouvent un vertige. — O parents ! ne désespérez donc pas, et du dévouement à outrance pour vos enfants ! O jeunes filles ! ne désespérez pas non plus de vous relever de vos faiblesses et de vous réhabiliter ; ne persistez pas dans le mal en disant que vous ne pouvez pas en sortir ; il n'est jamais trop tard. Dieu, un père et une mère ne font jamais défaut à celui qui se repent. Oui, puisse ma biographie atteindre son but en éclairant quelques jeunes filles et en les sauvant elles et leurs parents !

Les mères qui ont le tort d'être trop pressées de marier leurs filles, et les filles qui ont le tort d'être trop pressées d'avoir peur de coiffer sainte Catherine ne tardent pas à s'en repentir ; après tout mieux vaut cette coiffure-là que celle du malheur. A l'heure où je trace ces lignes, une nouvelle mariée de ma connaissance et sa famille sont dans les larmes et pour toujours ; au bout de trois mois de ménage le mari s'est enfui et a abandonné sa jeune femme enceinte. Quelle position pour elle et pour son enfant ! quel froissement dans le monde ! quels déchirements de chaque jour et de chaque nuit dans les pensées navrantes qui débordent au cœur ! cette jeune femme n'est pas jolie et a peu d'intelligence ; mais sa nature est bonne, travailleuse et vertueuse. Malgré tous ces mérites, son mari, homme de belle figure, d'intelligence et de plaisir, s'est bien vite dégoûté d'elle, ennuyé avec elle ; mais c'est un grand coupable, parce que, bien que le mariage ait été trop hâté, cet homme ne peut arguer de défauts cachés par sa femme, car la laideur et la médiocrité d'intelligence ne peuvent se dissimuler, et à tout prendre, s'il s'ennuyait dans son ménage, comme cela arrive aux trois quarts des maris, il devait se borner comme eux à passer ses soirées au dehors avec ses amis, soit chez eux, soit même au café dans une partie de cartes ou de billard, mais sans aller plus loin et jusqu'aux femmes ; et encore est-ce là la version la plus indulgente sur sa fuite subite.

Fatale illusion que celle de toutes ces jeunes filles qui se disent : Cet homme a tel vice, mais je le lui ferai perdre en l'épousant. Quelques jours, oui ; mais longtemps, non. Une de mes élèves qui s'était dit cela a repris deux fois son mari après les plus belles promesses et les plus grands serments de celui-ci, et elle vient d'être encore obligée de l'éloigner ; ce n'est pourtant pas un méchant garçon et une brute de la basse classe, mais c'est une de ces natures de viveur et de faiseur de dettes sans scrupules comme il y en a trop.

Les mariages hâtés, le peu d'harmonie entre l'éducation de l'homme et celle de la femme et les illusions d'influence sont encore des questions d'une grande gravité pour la famille, et j'appelle sur elles la méditation, en faisant servir les exemples des gens même de ma connaissance, mais toujours sans nommer personne.

J'ai été aussi frappé dans mes recensements du grand nombre

d'époux séparés soit à l'amiable, soit judiciairement, et une de mes blessures, je l'ai reçue en sauvant un soir dans la plaine Monceaux la vie à une dame que son mari allait tuer parce qu'elle refusait de retirer sa demande en séparation de biens. La discorde, elle est dans la plupart des ménages, car tant de causes peuvent la faire naître : un mariage fait sans sympathie de caractères et de goûts, le vice, la gêne, les enfants ; la discorde même entre frères et sœurs ; *rara est concordia fratrum*, a pu dire avec une triste vérité le poëte latin. Vous maintenez vingt ans sous votre aile et dans le bien vos enfants, un seul jour suffit pour les perdre et une coupable passion les rend dénaturés, ingrats, insultants et même barbares envers leurs parents qu'ils dépouillent sans scrupule. A un père et à une mère qui se sont toujours dévoués et privés pour eux et qui souffrent pour eux, ils jettent cet ingrat outrage : c'est de votre faute, et même ce mot cruel : comédie ! Vous avez vécu vingt ou trente ans avec eux dans la concorde ; survient un gendre ou une belle-fille d'une nature despotique, méchante, cupide ou dépravée et voilà la discorde, la séparation et le malheur pour toujours, souvent même la ruine. Sans doute eux-mêmes finissent par se trouver mal de la position fausse que leur crée leur mauvais cœur. Sans doute on est toujours puni par où l'on a péché ; mais ce ne sont pas eux les seuls malheureux et les plus à plaindre, ce sont leurs victimes, ce sont leurs parents qui eux n'ont fait et voulu que le bien.

Oh ! apprenons donc le premier mot de la famille, le mot concession. Je connais une famille de trois personnes : le père, la mère, et la fille ; ils ont tous trois de précieuses qualités, mais qu'ils semblent prendre plaisir à détruire ; ils pourraient vivre unis et heureux, et ils sont toujours en scènes de discorde. Le père est un caractère absolu qui ne voit que lui, qui ne veut que ce qu'il veut, et n'admet ni conseil ni objection. La jeune fille a un caractère très-inégal, le matin aimable, le soir maussade et toujours capricieux. Le mot de jeune fille donne l'idée d'une nature douce et pure, qu'on se sent de soi-même porté à aimer ; aussi rien n'est froissant comme une jeune fille au caractère hargneux et pie-grièche ; celle-ci manqua par sa faute un mariage ; le père s'oublia envers son patron et perdit son emploi. Heureusement la leçon leur servit. On ne peut pas changer entièrement sa nature ; mais on peut la corriger et la modifier suffisamment pour ne pas faire le malheur des autres et son malheur à soi-même. La preuve, ce sont ces deux qui ont changé en bien, qui peu à peu ont écarté ce qui empêchait leurs bonnes qualités de porter leurs fruits, et ce père se trouve bien plus heureux d'être obéi par l'amour que par la crainte, heureux de voir les autres se livrer envers lui à des épanchements d'amitié qu'ils n'osaient même pas avoir auparavant. Dans la famille et dans les relations sociales, encore une fois le premier mot est concession.

Dans une maison du faubourg du Roule, je recensai une autre famille au moment même d'une scène désolante ; le mari sortait en disant : vous en passerez par là, ou vous aurez de mes nouvelles. La jeune femme était dans sa chambre avec sa mère et ses deux enfants. Comme tous les cœurs égarés par un violent chagrin et qui ont besoin de sépancher, elle ne me demanda même pas qui j'étais... Ah monsieur, s'écria-t-elle, voyez ma mère, voyez mes enfants, voyez-moi... c'est lui qui nous fait tout ce mal. Puis elle se jeta en larmes aux genoux de sa mère en lui disant : oh ! pardonne-moi de ne pas t'avoir écoutée... mais il me disait je t'aime pour toi-même et veux te réhabiliter ; j'oublie ta faute et te donne mon nom à toi et à ton enfant, il a été élevé au collége, mais il a négligé son éducation, aime peu les livres et les arts, et ne se plait que dans les plaisirs et l'agitation du monde ; aussi n'a-t-il pas tardé à s'ennuyer et à se dégoûter de la vie de famille. Ses goûts de jeunesse et ses habitudes d'estaminet lui ont repris, il fait des dépenses au-delà de nos ressources ; son emploi pourrait nous suffire, mais chaque mois il fait des dettes et quand ma mère et moi nous nous refusons à ses exigences, il nous outrage, il nous dit que c'est nous ses débiteurs parce qu'il m'a donné son nom. Je reconnais trop tard la vérité de ce que me disait ma mère, ce qu'une jeune fille qui a eu une faiblesse a de mieux à faire, c'est de se vouer à son enfant et de ne pas se marier. O mes beaux jours de calme et d'amitié maternelle, Dieu me punit de ne pas vous avoir appréciés ; je ne puis donc plus vous reprendre... Oh ! ce que le mariage a d'affreux, c'est que quand on se trompe, c'est un enfer de toute la vie et de tous les jours.

Dans cette maison du faubourg du Roule, deux mansardes avec beaucoup de livres et peu de meubles. Dans l'une un vieillard qui, lorsque je lui demandai son nom et sa profession pour les inscrire sur mon bulletin de recensement me répondit : le comte de V*, réduit à vivre dans une mansarde, avec un débris de fortune de douze cents livres de rente et un fils à sa charge. Il me raconta ceci : mon fils avait reçu une brillante éducation et avait toujours eu jusqu'à l'âge de vingt-deux ans une nature bonne et dévouée ; ce fut même par dévoûment qu'il s'engagea, dans un moment où un procès m'empêchait de toucher mes revenus, et il me donna la moitié de la prime qu'il toucha. Tant qu'il fut simple soldat, il ne me demanda jamais rien, et les lettres de son capitaine me le peignaient comme rangé et estimé de ses camarades et de ses chefs ; puis il devint sous-officier et tout changea ; il me demandait chaque mois de l'argent... je n'y comprenais rien puisqu'il gagnait davantage ; mais un ancien sous-officier m'apprit que les habitudes de la vie militaire, surtout celles de la vie de sous-officier, étaient mauvaises et fatales ; que beaucoup trop carottaient le soldat, faisaient des dettes d'estaminet et autres, qu'ils ne s faisaient aucun scrupule de ne pas payer ; qu'ils passaient presque tous leurs loisirs dans les cafés, les balichons et les lieux de désordres ; que cette existence vicie le cœur et la délicatesse, surtout quand on fait la guerre où l'on maraude non-seulement les ennemis, mais même les alliés, et de plus que la vie militaire rend despote et insensible à la souffrance. Mon fils acheva de se perdre en Afrique, puis son régiment vint à Paris, et ici il fit la connaissance d'une femme galante plus âgée que lui, mais belle et jeune encore et qui avait deux enfants ; le père de cette femme est un grossier auvergnat marchand de charbon. Elle voulut utiliser l'argent qu'elle avait amassé, à se donner un nom et une position. Elle trouva mon fils, un malheureux qui ne voit plus que l'argent et le plaisir, qui ne cherche que des gens à exploiter. Rien, ni notre noblesse, ni mes larmes, ni mes menaces, rien ne put empêcher ce déshonneur. Elle exonéra mon fils du service militaire et l'épousa. Si le père de cette femme avait été un homme estimable, quoique sans éducation, tout en souffrant de me trouver avec lui dans le monde, je lui aurais serré la main ; mais c'était une brute à laquelle je fus obligé de fermer ma porte. Aglaé exigea que mon fils rompît avec moi et ne me revît plus. Elle se lança avec lui à grandes guides dans les plaisirs ; un jour elle vit l'abîme et voulut arrêter son mari ; cela n'aboutit qu'à des scènes violentes et à des dettes de la part de Jules ; ils furent ruinés... trois fois par mes relations et mon honorabilité, je trouvai un emploi à mon fils, trois fois il le perdit par sa paresse et ses habitudes de mauvaise vie. Sa femme, pour laquelle l'aisance et le luxe étaient devenus des besoins, l'abandonna et trouva facilement de riches amants ; vous la recenserez non loin d'ici dans un somptueux appartement. Mon fils est tombé dans une espèce d'hébêtement, c'est un pauvre insensé aux soins et à la charge de son père ; mais malgré ses torts je l'ai toujours aimé... il semble qu'on s'attache à ce qui vous fait pleurer et souffrir. Mon repas, vous le voyez, ce pain, ce fromage et ce verre de vin... mais je suis heureux de le partager avec mon fils... puis ces livres... O mes consolateurs ! ô mes fidèles amis !

Dans ce que m'avait dit le comte de V*, je fus frappé de ses paroles sur les militaires, et il semble que quelque chose vous indique les questions que vous devez étudier ; le lendemain je me retrouvai avec une institutrice dont le fils avait été sous-maître dans une des pensions dont je dirigeais les études. C'était une nature assez bonne mais faible ; ce jeune homme se laissa entraîner dans le mal et fit des dettes ; il s'engagea pour les payer ; instruit et d'abord rangé il devint promptement sous-officier, et alors il fit comme l'autre, il se perdit ; il ne se borna même plus à carotter, terme militaire employé pour se dissimuler un acte coupable, à carotter sur les fournitures faites à la compagnie, il alla jusqu'à prendre de l'argent dans la caisse pour payer ses dettes d'estaminet et ses maîtresses ; menacé d'être traduit au conseil de guerre, il profita du voisinage de l'Espagne pour déserter, et ce jour-là il écrivait à sa mère hélas! fort gênée pour lui demander encore de l'argent. Frappé de ces deux faits, je me suis mis en rapport avec des ex-sous-officiers et avec des parents de sous-officiers, et ils m'ont confirmé ces tristes habitudes et ces fatales influences de la carrière militaire. De même quand un paysan a eu les douceurs relatives de la vie de garnison comparée à la rude vie des champs, il ne veut plus retourner à sa charrue, ou s'il revient dans son village, ce n'est plus qu'un propre à rien, un fainéant et un pilier de cabaret. Cette question sociale est très-grave et je m'y appesantis d'abord parce que les parents engagent leurs enfants avec l'espoir de les réformer. Il y a dans un régiment, comme partout, de bons sujets, mais au dire des militaires eux-mêmes, c'est le petit nombre et la vie de garnison ou de guerre est un terrain glissant d'habitudes dangereuses. Un gouvernement doit donc arracher à leurs familles et à leurs professions le moins de jeunes gens possible; les armées nombreuses et permanentes en temps de paix sont une mauvaise chose, et si l'on employait à éclairer et à moraliser les peuples le quart de l'argent que l'on gaspille dans les guerres et dans la vie de garnison, les sociétés n'en seraient pas où elles sont.

La classe des bourgeois travailleurs est la classe rangée, et pour trois raisons : La plupart ont un esprit cultivé, une instruction qui leur donne de la répugnance pour la vie grossière et leur permet de prendre des plaisirs tranquilles; quand ils perdent leur emploi ou leur moyen de travail, ils ont beaucoup de peine à se recaser ou à se refaire une clientelle, et ne savent pas comme l'ouvrier où aller demander du travail ni ne peuvent pas disposer comme lui des aumônes de la charité et de l'assistance publique; enfin, les professeurs et tous ceux qui ont des relations intimes ou de confiance avec les familles, sont forcés dans leur intérêt même, d'être honorables.

Dans les professions libérales, les artistes peintres, musiciens et acteurs sont l'exception non rangée, parce qu'ils vivent dans des milieux corrompus. Combien d'artistes perdent dans le vice leur carrière et même leur talent! de mes souvenirs artistiques, un surtout a dû me rester et me frapper, parce qu'il s'agit encore d'une de mes élèves, d'une actrice d'une certaine réputation, et d'une actrice qui l'est devenue, comme on le pense bien, malgré moi. Tous mes efforts furent inutiles pour empêcher D*** d'affronter l'abîme où elle s'est perdue; j'avais contre moi sa mère, à qui une actrice célèbre et le directeur d'un théâtre avaient facilement tourné la tête mobile; les mères comme les filles payent bien cher leurs erreurs, payent la faute d'un moment par les larmes de toute la vie. D***, douée d'un joli physique, d'une grande intelligence, d'une éducation bien au-dessus de l'ordinaire des actrices, obtint un nom en relief, mais elle donna dans une fatale passion pour un acteur célèbre marié, eut de lui des enfants que du reste elle éleva avec amour, et, voyez comme la tête se perd à la suite du cœur et jusqu'où peut aller l'égarement : quand je me rencontrais avec elle et luttais contre cette fatale et coupable liaison, elle la trouvait louable, et un jour même, elle m'écrivit cette lettre si étrange : « Je sors de l'église Notre-Dame où j'ai consulté Dieu et la Vierge, et ils m'ont répondu qu'ils m'approuvaient. » Il me fallut relire cinq ou six fois cette phrase pour y croire. Cet acteur mourut, et, comme elle avait un certain nom et une certaine rente patrimoniale, un autre acteur l'épousa ; mais au dire des artistes, il l'a rendue malheureuse et elle est morte de chagrin ! Une autre de mes élèves, qui avait eu les prix de chant et d'opéra-comique au conservatoire, après avoir joué sur les grands théâtres de l'Étranger, a senti sa voix devenir capricieuse ; et ma foi tant mieux ! car elle s'est retirée à temps et a renoncé à une carrière pour laquelle son caractère modeste et sérieux n'est pas fait.

Les employés sont en général rangés... et pour cause... mais leurs femmes ont des goûts de luxe qui mettent le budget de famille dans les dettes et la vie intérieure dans la gêne ; leurs armoires à glace sont vides ; leur vaisselle est du maillechort ; ils donnent à dîner le dimanche et mangent dans la semaine du pain et du fromage quand le boucher ne veut plus leur faire crédit ; les femmes ont des robes de soie et des chapeaux de velours mais achetés à la marchande à la toilette et qui ne sont pas payés ; l'employé, c'est luxe et indigence. Comme ils le disent avec raison : autrefois simple employé à 1500 francs, j'étais plus à l'aise qu'aujourd'hui sous-chef à 2500, puisque le prix de la vie a triplé depuis l'Empire. Quant à ceux qui prétendent avec des appointements de 1800 francs faire vivre leur famille sans dette ni sans gêne, mes leçons de tenue de livres à leurs fournisseurs m'ont au contraire révélé beaucoup de dettes criardes pour lesquelles il faut retourner vingt fois chez eux avant d'être payé.

Les petits rentiers et autres aussi voient leur revenu autrefois suffisant devenu aujourd'hui insuffisant et ne vivent que de privations. La vie à bon marché est le premier besoin dans une société de gens à petit revenu ; autrement la majorité est dans la gêne et dans le paupérisme et aussi dans la démoralisation. Mais les gouvernements devraient comprendre qu'eux aussi sont dans le faux et vont au rebours du principe et but humanitaire ; la preuve, c'est que le prix de la vie et les charges augmentent chaque année ; et quand la vie est chère, le commerce ne va point, parce que chacun est obligé de restreindre ses dépenses ; tout le monde souffre, et la société est livrée à la démoralisation, parce que l'homme, pour suffire au prix de la vie et aux habitudes de luxe recourt à tous les moyens et perd toute honnêteté. La cherté de la vie et les besoins de luxe expliquent pourquoi tant de gens autrefois honnêtes cherchent aujourd'hui dans les jeux de Bourse les ressources nécessaires, pourquoi les femmes manquent d'épouseurs; l'homme à modestes ressources hésite à prendre la charge d'une famille, à se faire un centre d'existence où il aura tant de causes de gêne et de tristesses morales. Faire des dettes en ayant l'arrière-pensée de ne pas les payer ou en sachant qu'on ne pourra pas les payer, c'est se déshonorer et être un voleur. Je n'admets qu'un cas où le suicide soit permis; c'est celui où après avoir vainement cherché des ressources d'existence, on n'en trouve pas et où on ne pourrait vivre qu'en faisant des dupes; dans cette alternative, c'est le fripon qui vit et l'honnête homme qui meurt.

Le peuple peut se diviser en trois catégories : les ouvriers habiles et rangés; ceux-là ont toujours du travail, ils ont un logis modeste mais propre, ne se soulent point, passent leur soirée à une lecture, au spectacle ou dans un plaisir de famille. Quand sous Louis-Philippe on commença la publication en livraisons des ouvrages sérieux, ce furent les ouvriers qui firent le succès de ce mode de publication. Cette classe-là est très-supérieure à celle des petits commerçants et forme une des espérances de l'avenir.

Les arsouilles sont les ouvriers qui passent leurs soirées, leurs dimanches et leurs lundis au cabaret et dans les lieux de désordres et qui finissent par tomber dans la misère et dans le crime. Les trois quarts des ouvriers malheureux le sont par leur faute, et quand j'ai recensé cette bohème, dans ce qu'on appelle la Petite-Pologne et autres mauvais lieux du faubourg du Roule, c'était hideux à voir. Dans la rue de la Bienfaisance, un propriétaire sortant d'une maison lui appartenant, m'engagea vivement à ne pas m'y risquer; il me dit qu'il n'allait jamais dans sa maison sans s'armer de pistolets et il m'offrit son porte-respect. Habitué à m'aventurer, je refusai cette aide et je recensai de haut en bas ce... je ne sais trop comment appeler ce repaire. Mais en sachant plaindre les uns, amadouer les autres, en donnant quelques pièces de monnaie à leurs enfants, je remplis ma mission et on me permit même quelques reproches et quelques conseils qu'on ne suivit probablement pas. Le jour du terme d'octobre, dans le passage d'Any rue du Rocher, je trouvai pas mal de gens qui déménageaient leurs meubles par les fenêtres, et qui payaient leurs propriétaires ou principaux locataires en monnaie de coups de poings et de coups de pieds. Tout en prenant pour moi une part des torgnolles qui leur étaient adressées, je ne pus que les aider à se mettre au lit mais non à être payés et à retenir leurs garanties.

Dans la rue de Lisbonne, sur un grabat se mourait dans un délire affreux un ouvrier... Ce père débauché quittait le soir sa femme et son petit enfant pour aller dans les lieux de désordres. Il y a huit jours, la fille qui s'offrit à lui dans une mauvaise maison pour satisfaire ses plaisirs coupables était sa fille aînée, disparue depuis un an de la mansarde maternelle... Il s'enfuit en proie à une fièvre, à une folie violente et il expirait torturé par une agonie affreuse. Sa malheureuse femme veillait à son grabat, souffrant des yeux et ne pouvant plus travailler parce que le misérable lui avait donné une mauvaise maladie qui s'était jetée sur les yeux... Un autre spectacle navrant, c'était celui de ce petit enfant destiné à un si cruel avenir mais qui ne comprenait pas encore et qui riait et faisait des gentillesses à son père qui mourait et à sa mère qui pleurait! Les vrais misérables, ce sont toutes ces existences que je mets en relief, et non les misérables factices et outrés de Victor Hugo. Que n'a-t-il rattaché ses belles pages et son beau style à des situations et à des caractères vrais !

La troisième catégorie est celle des ouvriers qui sont malheureux sans l'être par leur faute, qui gagnent trop peu et ont le grand tort de se mettre en famille quand déjà ils pouvaient à peine se suffire à eux-mêmes. Ce sont en général les ouvriers en chambre, gagnant peu, n'ayant pas toujours d'ouvrage et perdant du temps pour aller le reporter ou en chercher. J'ai trouvé des familles sans meubles, des femmes et des enfants presque nus et couchant sur le plancher, enveloppés pêle-mêle dans une couverture trouée, mangeant des trognons de choux et des résidus ramassés dans les rues, os et autres rebuts dont ils faisaient une espèce de soupe avec quelques pommes de terre. Un fait qui me frappa dans mes recensements, ce fut de trouver beaucoup de femmes plus agées que leurs maris, ce qui est contre nature et une cause de discorde et de désordre; la raison en est que l'homme cherche une femme qui lui apporte quelque chose, une ancienne domestique qui a fait danser l'anse du panier. Du reste, dans les familles du peuple, il y a peu d'unions légitimes, tout au plus une sur dix, et la statistique parisienne montre que, même en réunissant toutes les classes sociales, il y a un enfant naturel sur trois. C'est la faute d'une mauvaise organisation sociale, n'offrant à la famille que des chances de tristesse.

La femme qui n'a que son travail pour vivre et qui n'a pas l'appui d'un père ou d'un mari est, pour ainsi dire, forcée de se livrer à la prostitution pour exister. La plus forte moyenne de la journée d'une femme travaillant chez elle à l'aiguille, est de trente sous, et il y a les chomages. On ne peut pas avec trente sous avoir le nécessaire, surtout si la femme est veuve et a des enfants. Quand je trouvais ces ouvrières dans un petit mobilier élégant et quand je leur demandais la clef de cette enigme, la plupart m'avouaient qu'elles avaient des amants et qu'elles ne pourraient pas vivre avec le produit de leur travail. J'ai rencontré des jeunes filles qui pour faire vivre leur mère allaient le soir faire le trottoir. Quelle société grand Dieu! La femme qui travaille en atelier a un gain un peu plus élevé et plus assuré, mais là, elle est encore plus facilement perdue; le plus souvent elle est mêlée à des hommes, et chose profondément triste! dans les ateliers moitié hommes et moitié femmes et séparés, ce sont les conversations des femmes qui sont les plus scandaleuses et de la crudité la plus impure et la plus soutenue, et au sortir de l'atelier, ces jeunes filles entrent au cabaret avec des hommes. Il est des travaux à l'aiguille qui ne produisent que quinze sous par jour, et quand je m'étonnais que les industriels trouvassent des ouvrières à ce prix-là, on me répondait qu'ils en trouvent plus qu'ils n'en veulent dans ce demi-monde du peuple, dans ces jeunes filles qui vivent par la prostitution mais qui veulent avoir à répondre aux personnes honorables qui leur demandent : Comment vivez-vous ? Je suis couturière.

Un de mes fournisseurs offrit à une cuisinière une place dans une famille honorable.

— Quels sont les gages?

— 400 francs.

— J'accepte; cependant, attendez... madame fait-elle elle-même le marché?

— Oui.

— Alors ce sera 600 francs.

Ainsi une bonne fait danser l'anse du panier, vole à ses maîtres 200 francs par an et l'avoue sans pudeur et sans remords. Les agents de police de votre banlieue, disait à une mercière l'un d'eux alors retiré, riaient beaucoup de l'ingénuité de vos dames allant se plaindre au commissaire qu'on ne pouvait plus avoir de bonnes honnêtes, depuis que le gouvernement avait multiplié les agents de police, depuis qu'elles étaient sans cesse en butte aux poursuites des agents même mariés. Le commissaire répondait : je ne puis rien à cela, c'est à vos bonnes de ne pas se laisser séduire. Et d'ailleurs, ajoutait cet agent, nos chefs nous recommandaient l'intimité des domestiques, comme le meilleur moyen de savoir ce qui se passait et ce qui se disait dans les familles.

Les riches sont rarement dignes de leur fortune, sont trop souvent de grands égoïstes et de grands corrompus, jetant des piles d'or dans une orgie ou à une lorette, et ne trouvant pas dix francs pour aider le talent en souffrance, à moins qu'on ne promette de la publicité à leur vanité ou l'absolution et le ciel à leur égoïsme dévot. Ils ne payent pas exactement les ouvrières et autres qu'ils occupent et font attendre leur argent à des malheureux qui vivent au jour le jour. Dans les circonstances difficiles, au lieu de garder leurs professeurs et leurs domestiques, ils les renvoient sans nécessité, et, quand dans mes recensements, je parlais aux riches de leurs voisins dans la misère, ils me répondaient : il n'y a que les fainéants et les mauvais sujets qui manquent de travail; de leurs voisins dans le vice mais qui désireraient en sortir, ils me répondaient : Je ne m'intéresse qu'aux honnêtes gens; c'est une réponse toute trouvée pour ne s'intéresser à personne. Et quand je leur disais : offrez à ces gens du travail, de l'emploi de leur talent, vous verrez s'ils ne s'empresseront pas de l'accepter, ils me répondaient : cela ne me regarde pas. Cette insensibilité et ce manque de concours me désespéraient et me décourageaient d'autant plus que j'avais donné à mon œuvre philodéonique pour un de ses buts, de réconcilier le pauvre avec le riche, que je m'efforçais de calmer les haines et d'éteindre les cris de vengeance de celui qui souffre et qui ne trouve pas d'aide.

Voilà la famille dans une société mauvaise. Celui qui pénétrerait dans l'intérieur des familles et connaîtrait toutes leurs souffrances, surtout celles qu'elles cachent et avec raison, et qui irait aussi suivre pendant un mois les séances du tribunal et verrait encore là à nu la vie de famille, celui-là ne se marierait pas ; on ne se marie que parce qu'on est jeune et qu'on ignore ou parce qu'on y trouve un intérêt d'argent. Il est peu d'hommes qui n'avouent que leur plus beau temps a été celui de garçon, peu de femmes qui n'avouent que leur plus beau temps a été celui de leur jeunesse avec des parents qui les aimaient. Dans le calcul des choses de ce monde, la famille est la multiplication du malheur. Dans une société mauvaise, beaucoup en viennent à se dire que le seul moyen de bonheur, c'est de ne pas se marier, de se faire un ami intime, de remplir sa journée par le travail et par le devoir, et de prendre le soir avec modération les plaisirs des arts, de l'étude, et de quelques relations sociales agréables. En tous cas, ne vous mariez pas si vous ne réunissez pas à vous deux les quatre conditions sans lesquelles la famille n'est qu'un enfer de toute la vie et de tous les jours : la santé, l'aisance, la sympathie des caractères et une nature vertueuse et à concession ; et encore il vous restera toutes les chances si nombreuses de malheur par les enfants. Puis, posez le plus tôt possible dans votre famille, dès en vous mariant ou alors que vos enfants sont encore jeunes, les trois bases et les habitudes de la famille philodéonique, n'attendez pas que le mal soit fait ; un mal facile à prévenir devient parfois impossible à réparer. C'est parce que moi et tous ceux que je connais nous avons été les victimes de votre système d'éducation et de votre organisation sociale, que j'ai cherché un mieux qui puisse du moins profiter à ceux qui viendront après moi.

CHAPITRE VIII

La justice est une question sociale de premier ordre et d'un intérêt général. Je vais tâcher par le seul procès qu'on m'a forcé d'avoir d'en détourner les autres.

En 1842 je consentis une rente viagère de trois cents francs à une vieille dame, pour avoir pris soin de mes enfants pendant quelques jours après la mort de leur mère et pour m'avoir garanti vis-à-vis des banquiers qui avaient fait les frais des trois premiers volumes de mon enseignement et qui acceptaient de me vendre leur droit d'un tiers sur ma propriété intellectuelle. Je consentis cette rente viagère pour aider la vieillesse de cette dame, mais à la condition que deux billets de complaisance que je lui avais souscrits seraient retirés de la circulation; un de ces billets n'ayant pas été payé à l'échéance, j'employai, d'après les termes de l'acte, l'argent de la rente à le rembourser. Personne ne voit là matière à procès; il y en eut un, pourtant, et voici comment : une de ces personnes hybrides qui font tous les métiers excepté les honorables, et qui vivent d'eau trouble et d'affaires véreuses, persuada à madame V*** que je n'avais pas le droit de payer le billet avec la rente et qu'en me faisant un procès on obtiendrait même du tribunal l'annulation de l'acte de rente viagère et ma condamnation à en rembourser immédiatement le capital équivalent à six mille francs. L'hybride spéculait pour lui-même, parce que madame V***, qui du reste n'était guère plus honnête, lui devait quelque argent, et il se fit transporter le titre de rente à l'aide d'un prête-nom. Je n'en fus pas seulement pour mes inquiétudes, et tout en gagnant mon procès pour une somme assez considérable de frais, voici ce qui arriva et ce qui met surtout à jour les arcanes du capharnaum judiciaire et chicanier.

L'argent de la rente avait été déposé chez mon avoué pendant le temps du procès et tenu à la disposition de l'adversaire, à la condition de me rendre le billet. Mon avoué commit une erreur en faisant enregistrer une seconde fois l'acte de rente qui l'avait déjà été par la partie adverse. Quand vint le moment de régler les frais, mon avoué s'obstina à retenir la valeur des frais du double enregistrement jusqu'à la remise par le trésor public; l'adversaire ne voulut point par animosité souscrire à ce retard; de là nouveaux frais de sommations. Lorsque le trésor public fit remise, l'affaire fut réglée, sauf les trente francs de nouveaux frais. L'hybride, porteur de l'acte de rente, les réclama; mon avoué les refusa en disant que ces frais avaient été faits sans nécessité.

L'hybride m'assigna devant le juge de paix qui se déclara incompétent; puis voici le receveur de l'enregistrement qui fit aussi des siennes : il m'écrivit pour me réclamer 4 fr. 40 c. pour enregistrement du jugement d'incompétence; je lui répondis que le clerc avait payé cette somme et que le reçu était à l'étude de mon avoué. Le receveur, au lieu de faire ou de demander la vérification du fait, m'envoya une sommation de dix francs; il y a des gens et des administrations qui ont de singulières manières d'agir... sur la bourse.

L'hybride profita de la circonstance pour m'envoyer une nouvelle assignation devant le tribunal et il eut l'habileté trop habile d'ajouter à la note des nouveaux frais qu'il reclamait, une partie de ceux auxquels il avait été condamné par le procès. Je lui écrivis que c'était là un procès par trop injuste, et l'hybride à peu près sûr d'avoir par un arrangement à l'amiable plus que les trente francs, consentit à se soumettre à l'arbitrage de son avoué et du mien. Ces deux avoués au lieu de répondre au désir de leurs clients et d'arranger l'affaire, la laissèrent venir au tribunal et firent cent soixante francs de frais pour cette chicane si minime; on pourrait voir là une preuve que les gens intéressés à faire des frais sont une des causes des procès; mais admettons leur excuse que préoccupés d'affaires grasses, ils oublient les maigres.

L'avoué qui n'était pas le mien eut l'adresse de profiter des vacances; la chambre des vacations, trop pressée probablement ce jour-là, ou trompée par l'habileté de l'avocat de l'hybride et par l'enrouement de l'éloquence du mien, me condamna à payer la totalité de l'assignation, c'est-à-dire les frais auxquels mon adversaire avait été condamné par le jugement de 1843. Les juges se trompent de bonne foi; les avoués, avocats et huissiers sont pavés de bonnes intentions; mais on n'est pas porté à rechercher la société des hommes de loi. L'hybride en revoyant madame V*** dit luimême : Eh bien! il ne doit pas se réjouir de ce que son avoué m'ait refusé les trente francs; le voilà condamné à beaucoup plus qu'il ne me devait, mais tant pis pour lui et je ferai exécuter le jugement dans tout ce qu'il m'accorde. Je fus un chevalier de la d'autant plus triste figure qu'il n'y a pas même d'appel contre l'erreur d'un tribunal quand la somme n'atteint pas un chiffre élevé. Si la justice n'était pas une machine à frais, on pourrait offrir au petit comme au grand un secours contre la faillibilité humaine.

Stupéfait de ce jugement, j'écrivis à mon avoué que loyalement il devait être responsable des fautes de son étude, de l'erreur du double enregistrement, du refus de payer les trente francs de nouveaux frais et d'arranger l'affaire à l'amiable... Surdité complète dans l'étude... il eût fallu avoir un nouveau procès, et je sortais d'en prendre. Je consentis donc à payer les trois cents francs de fautes de mon avoué; seulement je demandai à ne pas payer immédiatement la totalité de la note des deux avoués, à payer l'une dans la semaine et l'autre le mois suivant. Le maître-clerc me dit : remettez-moi toujours l'argent de la partie adverse pour empêcher la levée du jugement; je remis les 160 francs. Quelle fut ma surprise en recevant une lettre par laquelle l'avoué de l'hybride me déclarait qu'il n'avait reçu que 50 francs et qu'il allait lever le jugement. Attristé de cette manière de faire, je la reprochai à mon avoué qui me répondit que c'était l'usage et qu'il était dans son droit en commençant par se payer lui-même. Mon avoué d'alors était-il un malhonnête homme? mon Dieu non, il était tout aussi honnête que ses confrères; il suivait comme eux les us et coutumes de la bazoche. Mais la bazoche n'apparaît pas à l'opinion publique une conception immaculée, et elle a quelques taches de linge sale qu'il ne suffit pas de laver en famille en disant aux clients : payez. Je n'ai en vue que de détourner des procès et de mettre sur la voie de réformes nécessaires.

On m'a fait perdre beaucoup d'argent comme leçons et comme livres. Une institutrice m'a fait tort de 1,800 francs; une autre de 350 ; un amiral de 840 francs pour leçons à ses filles; les instituteurs et institutrices privés sont si pauvres que plusieurs me priaient d'attendre pour me payer les deux francs, prix d'un volume, et que plus de soixante, rien que de Paris, me doivent encore et me devront toujours des petites sommes de 6, 5 et même 2 francs. Je n'ai jamais poursuivi aucun de mes débiteurs devant les tribunaux, et pour deux raisons : la première, c'est que cela me répugne; la seconde, c'est que je ne me plais avec les hommes de loi qu'ailleurs qu'au tribunal. Quels tracas! quels frais ! quelles inquiétudes prolongées ! comme la justice vous fait longtemps faire queue à la porte du tribunal ! Les juges se donnent deux cents jours de vacances par an, font le lundi et ne siégent que trois ou quatre heures par jour. Aussi, que d'intérêts en souffrance ! que de discordes perpétuées et attisées ; il faut attendre un an ou dix-huit mois son tour d'être jugé. La justice ne doit jamais vaquer ni faire défaut, et la société est en droit d'exiger que les juges ne prennent pas plus de vacances que les fonctionnaires publics des autres administrations, et que chaque tribunal siége chaque jour et six heures par jour. Les juges de commerce non salariés ne prennent pas de vacances. Les deux cents jours de congé des juges salariés sont un abus dont se plaignent tous les justiciables.

Une seule fois, et sur la demande de mon débiteur lui-même, je mis opposition sur le prix de la vente d'une pension ; l'huissier m'avait dit que l'opposition coûterait 10 francs ; il me présenta une note de 40, et dans le partage du prix de vente, le greffier m'annonça qu'il me revenait 13 francs, sur lesquels le juge avait alloué 20 francs à mon avoué. Le greffier trouva cette répartition facétieuse ; je ne fus pas de son avis.

A propos, l'hybride condamné à rendre les deux billets de complaisance ne l'avait pas fait, prétextant qu'il les avait déchirés. Après la mort de la dame V..., et vingt ans après le procès, il eut l'audace de m'assigner au tribunal de commerce en paiement d'un de ces billets. Nous allâmes cinq fois dans le cabinet du juge rapporteur, et heureusement je priai mon agréé et mon nouvel avoué de m'y laisser aller moi-même, car mon hybride avait été jusqu'à faire un faux de l'écriture de la dame V... ; comme il n'est pas spirite, il ne croit pas aux revenants ; le juge et mon agréé se seraient peut-être laissé prendre eux-mêmes à ce faux. Je gagnai encore mon procès, mais j'en fus pour les frais avancés, ne voulant pas en faire de nouveaux contre un homme qui ne présentait aucune surface ou trouvait toujours le moyen de disparaître pour ne reparaître que quand il croyait arrivé un moment opportun d'exercer sa profession.

Dans mon organisation philodéonique, j'ai établi les éléments de la justice sans frais, conciliante et indépendante; l'Aréopage philodéonique, la magistrature du devoir et le système pénitentiaire qui me paraissent répondre aux différents besoins de réforme.

Le jeu, cartes, roulette ou spéculation de bourse, a toujours été à mes yeux un moyen d'existence déshonorant et dangereux; je ne me suis donc jamais souillé de ces ressources interlopes par lesquelles vivent aujourd'hui la plupart des bourgeois, et j'ai préféré avoir un revenu moindre. Le placement qui passe pour le plus sûr est l'hypothécaire; c'est le plus sûr moyen de ne pas toucher ses revenus, attendu que l'emprunteur n'empruntant que parce qu'il n'a pas assez des siens, peut encore moins trouver en plus l'intérêt de l'argent prêté; puis l'expropriation entraîne dans des ennuis, des retards, des frais et des procès qui font payer par trop cher la sécurité du gage, et encore... Nous avions placé 5,000 francs provenant d'un petit héritage, sur une propriété estimée 200,000, et grevée seulement de 120,000; propriété appartenant à une famille qui a 20,000 livres de rente, et le fils, mon emprunteur, était un homme de quarante ans; mais c'était un gandin et un viveur; il ne me paya que le premier semestre d'intérêts, et fut obligé de s'enfuir en Belgique pour échapper aux gardes du commerce. Les deux gros créanciers firent exproprier et vendre; il y eut des retards et des frais à n'en plus finir, au point qu'un créancier de 7,000 francs, et qui venait après moi, ne toucha que 1,000 francs; notre viveur emprunteur n'ayant l'entière propriété que d'une partie de son héritage. Mon avoué passa avec moi une demi-heure chez le notaire répartiteur et me prit pour cette séance 40 francs. J'aime mieux une séance de physicien qu'une séance d'avoué ou de médecin; c'est plus amusant et moins cher. Mais comment Jérôme Paturot, à la recherche d'une position sociale, n'a-t-il pas pris celle d'homme de loi?

Voilà déjà, dans ma biographie, plus de faits qu'il n'en faut pour démontrer la nécessité d'une réforme sociale, et la raison d'être de l'œuvre philodéonique. L'étymologie du mot philodéonique est philos ami, déon devoir, et je la répète pour épargner les méprises. Un peintre assez célèbre s'imagina que ce mot voulait dire: ami de l'Odéon, et m'écrivit une lettre ainsi conçue: « Je vous félicite de votre œuvre, mais je suis d'une nature peu philodéonique (il ne se doutait pas qu'il disait peu ami du devoir), je ne mets jamais le pied à l'Odéon, et pourtant j'y ai mes entrées. »

CHAPITRE IX.

L'éducation étant la base, je commençai par produire mon enseignement et par l'éprouver sur une échelle large et pratique dans les pensions, à partir de 1837. J'ai eu plus de six mille élèves ; c'est donc là une large échelle d'expérience et de succès constatés pour ma méthode pour les gens pressés. Je perfectionne sans cesse, grâce à mon expérience de chaque jour ; aussi, mes dernières éditions sont-elles supérieures au premier jet de mon idée. Ma méthode pour les gens pressés, a pour but d'arriver avec les élèves avec lesquels la méthode ordinaire n'arrive pas, et de refaire en peu de temps les éducations manquées. J'ai la consolation de penser que mon idée et ma carrière sont utiles, et que beaucoup de gens ne sont pas restés sans éducation, grâce à ma méthode. L'enseignement Buessard a pour but de poser l'enseignement sur ses trois bases normales, dans le principe et but humanitaire, de l'établir sur la dignité, la vérité et la rapidité de méthode. Quoique gêné, j'ai toujours donné gratuitement mes leçons et mes livres à ceux qui ne pouvaient les payer.

Avant de formuler mon organisation philodéonique, je voulus étudier de près les hommes, les institutions et les différentes sphères sociales, afin de comprendre le possible. Un de mes confrères me prêta son salon, sur la place des Victoires, et j'en profitai pour en faire un centre de conférences et d'aide au travail. Je devais l'exemple par moi-même, et comme on le verra, j'ai beaucoup payé de ma personne ; mais je ne pus poser mon œuvre que dans des limites fort restreintes, n'ayant d'autres ressources d'argent que le mien, c'est-à-dire presque rien, et trouvant les gens très-peu disposés à se dévouer avec moi. J'ai même eu cette fatalité, que chaque fois que je mettais de côté un peu d'argent, je le perdais par un abus de confiance ou par une dépense imprévue imposée par des circonstances navrantes ; et pourtant je trouve beaucoup de souvenirs de bien accompli, de services rendus, tant il est vrai que si chacun payait de sa personne, il en résulterait un grand mieux général.

Dans mon salon philodéonique du dimanche, je convoquais les personnes que les questions d'amélioration à l'ordre du jour pouvaient intéresser ; puis ceux qui souffraient venaient me dire leurs tristesses et leurs besoins. J'utilisais les relations que me créaient mon salon, mes leçons et mes ouvrages, et je me mettais en route toute la semaine pour leur procurer les moyens de sortir de la gêne et de la discorde, vivant pour eux au jour le jour et leur consacrant tout ce qui me restait, après avoir donné le nécessaire à ma famille, m'attachant aussi à les détourner des désordres et des excès, et à leur donner des idées de devoir et de dignité. Ce sont là mes seuls souvenirs doux, et quand je relis les quelques lettres de reconnaissance que j'ai conservées, cela me fait du bien. Un jour, Victor Hugo m'écrivit qu'il pensait me rendre heureux en me recommandant une jeune veuve, de noble famille, mère de deux enfants, et tombée dans la misère. Je mis mes relations et mes élèves à l'œuvre, et je pus aider Madame D... de V... à monter un petit atelier.

O Monsieur, m'écrivait-elle, comment pourrai-je vous remercier, vous qui avez eu pitié de mes pauvres enfants, qui m'avez rendu un peu d'énergie et procuré des moyens de travail. Nous vous bénissons chaque jour et supplions Dieu de vous récompenser.

Sans doute j'ai compté des ingrats, mais on ne saura jamais les noms de ceux qui m'ont fait souffrir ; ce serait empêcher de se réhabiliter ceux qui se repentent. Oui, j'ai eu des épreuves déchirantes, des duretés de situation et des chagrins tellement violents, que je me demande comment j'existe encore; mais j'en appelle à ceux qui m'ont fait souffrir : loin de ne pas leur pardonner et de les repousser, je leur ai offert mon cœur pour pleurer et pour cacher leurs fautes, et je leur ai continué mon dévouement et mes sacrifices pour les préserver du mal qu'ils s'étaient fait en m'en faisant à moi-même. Il est de pauvres égarés que j'ai ramenés au bien, et il y a souvent plus de vertu à réparer une faute qu'à ne pas en commettre. Mais vous, quand une existence veut se réhabiliter, loin de l'aider, loin de lui tenir compte de son repentir et de son retour au bien, loin de lui procurer les moyens de vivre honorablement, vous la repoussez ; loin de lui faire oublier sa faute, vous la lui jetez sans cesse à la face et vous la dites au monde. Oh ! justice et humanité ! vous en aurez peut être besoin pour vous-mêmes.

J'ai voulu porter l'homme à se dévouer pour la vérité et pour le sort des cœurs honnêtes, à prendre de la dignité et de l'austérité de principes et de mœurs ; j'ai donné l'exemple et me suis offert en martyr ; mais personne ne m'a suivi ni soutenu ; chacun m'a répondu que j'étais dans le vrai, mais que la société fait des persécutés de ceux qui veulent la vérité et la dignité, des parias de ceux qui ont de la probité et du dévouement. J'ai voulu porter la femme à s'éclairer et à savoir se conduire par elle-même, la jeune fille qui a une faiblesse à ne plus éloigner et cacher son enfant, à l'élever en bonne mère ; mais je n'ai pas pu, parce que la société fait aux unes et aux autres une position trop décriée et trop cruelle ; mais je ne cesserai de répéter aux filles mères : si vous êtes forcée de cacher votre enfant et si vous êtes trop pauvre pour le confier à une nourrice payée, sans doute plutôt que de ne pas payer cette nourrice, déposez-le provisoirement aux Enfants trouvés, mais ne l'abandonnez jamais et reprenez-le le plus tôt possible. Et vous, parents, si pour essayer de donner une leçon à votre fille et de l'empêcher de continuer dans le mal, vous la laissez dans la nécessité de mettre un nouveau né aux Enfants trouvés, ne tardez pas à lui dire et dites-lui sans cesse : Consens à te dévouer à ton enfant en bonne et vertueuse mère, et nous le reprendrons.

Châteaubriand et madame Récamier voulurent bien m'accorder quelques instants de deux après-midi de l'Abbaye-aux-Bois. Châteaubriand, triste et découragé, me disait : A quoi bon vos efforts et vos sacrifices ? à quoi bon donner de la tisane à un malade qui se meurt ? Il se faisait l'illusion de penser que parce qu'il était arrivé lui-même à l'âge de mourir, la société mourrait avec lui, et je lui répondis qu'il me semblait plus dans le génie du christianisme de donner de la tisane à un malade que de l'abandonner.

Balzac me fit l'honneur de m'inviter deux ou trois fois à dîner en tête à tête dans son ermitage de la rue Cassini ; il était contrarié quand je lui parlais littérature, et ne voulait causer que de questions politiques et sociales ; il n'avait qu'un rêve et qu'il n'a pu réaliser, celui d'être député, pour proposer son système gouvernemental, que je ne compris jamais bien, et que je trouvais un peu habillé, comme son auteur, en moine du moyen âge.

Je n'ai eu le temps de voir que trop peu pour moi quelques-unes des célébrités intellectuelles de mon siècle. Casimir Delavigne et Béranger m'ont encouragé en me disant et m'écrivant que ce qu'ils estimaient en moi, c'était l'honnêteté, l'indépendance de mon caractère ; c'est que je ne me faisais ni le flatteur du peuple ni le servile d'aucun gouvernement, et que mon œuvre philodéonique était le seul socialisme qui leur parût dans le vrai, et le seul apte à pouvoir conduire l'humanité à son but sans convulsions ni cataclysmes.

Ne pouvant, faute d'argent et d'appui, poser en grand mon œuvre générale, j'organisai une petite philodéonie pour propager les idées de devoir et pour venir en aide aux existences déchues et au travail intellectuel, surtout aux parias de la carrière de l'enseignement. Les instituteurs sont tous les jours visités et sollicités pour une aumône par d'anciens instituteurs et professeurs tombés dans la misère et ne pouvant trouver aucun emploi, aucun moyen d'existence. Que ceux qui croient pouvoir vivre par des leçons particulières perdent cette illusion. Presque tous les enfants sont élevés en pension ou en externat, et les riches ont des précepteurs ou des institutrices à demeure. Quand on perd une leçon, on ne sait où en chercher une autre. Les professeurs internes, autrement dits sous maîtres, sont l'existence la plus misérable, la plus pénible, la plus abreuvée de dégoûts et la plus sevrée d'avenir ; tous les employés des autres carrières voient leurs appointements s'augmenter avec l'âge et la durée des services ; le professeur interne a 300, 600, rarement 800 francs ou 1,000 francs, mais ne va jamais au-delà, alors même qu'il resterait vingt ans dans une pension. L'instituteur qui fait sa fortune n'en donne aucune part aux professeurs qui l'ont aidé à la faire, n'augmente même pas leurs appointements. Cette carrière est tellement misérable, que les trois quarts des personnes la quittent pour le plus modeste emploi. Une sous-maîtresse est moins payée qu'une domestique. Aussi, quel triste public de sous-maîtres et de sous-maîtresses! quel écueil pour l'éducation morale et pour l'instruction !

J'ai le cœur navré de rencontrer dans les pensions de jeunes professeurs mariés, et à 40, 50, 80 francs au plus par mois, non logés, et occupés dans certaines pensions depuis cinq heures du matin jusqu'à huit heures du soir, et sans espoir d'augmentation d'appointements ni d'avenir. Dans le galetas de ces galériens intellectuels, une femme travaillant à l'aiguille de six heures du matin à minuit, pour gagner 1 fr. 50 c.; des enfants manquant du nécessaire, un professeur ne pouvant pas disposer d'un franc pour acheter un livre qui lui serait utile, car c'est le franc du pain et des pommes de terre de la journée. Je leur offrais mes ouvrages pour rien, mais leur délicatesse refusait. Tenez, en voici un qui gagne 40 francs dans un externat, et sa femme, la fille instruite d'un instituteur secondaire aussi distingué que coulé, est *domestique* dans le même externat, et encore on les a remerciés parce que la femme est devenue enceinte, impropre au service, et parce que le mari ne pouvait pas se procurer une tenue convenable, et parce que la position de sa femme, certainement prise dans un but très-courageux, mais prise là à tort, lui nuisait auprès des élèves et des parents. Moi je ne cesse de leur répéter : je ne comprends pas que vous ne preniez pas un autre emploi quelconque, et que vous vous mariiez dans de telles conditions; il n'y a pas de bonheur possible dans la misère, et c'est une double torture que de voir souffrir ceux qu'on aime. L'homme n'a même pas le droit de se mettre en famille pour condamner à toutes les souffrances de la misère une femme et des enfants. Sans doute il ne suffit pas d'être riche pour être heureux en ménage, et surtout dans une société mauvaise et mal organisée, la famille a cela d'affreux qu'elle a des causes de tous genres de souffrances et de souffrances de tous les jours, des fautes d'un seul qui pèsent sur toutes les existences et sur toute l'existence; mais la première condition de la famille, c'est de ne pas être en proie à toutes les tortures, angoisses et humiliations de la misère.

Les instituteurs communaux, eux, du moins, ont des échelons d'avancement, des retraites et un local; mais on ne saurait trop protester contre l'abjection à laquelle les condamnent le gouvernement et le clergé qui en font des chantres, des sonneurs de cloches et des laveurs de linge ecclésiastique, qui les ravalent aux yeux de leurs élèves et les forcent à aller boire au cabaret avec des bédeaux et autres gens qui peuvent se croire leurs égaux. Que l'instituteur communal ne soit qu'instituteur, et qu'il ait sa stalle à l'église à côté de celles du maire et du juge de paix.

Si beaucoup d'instituteurs primaires privés sont des croûtons très-au-dessous du sacerdoce de l'enseignement, c'est que les capables d'autre chose quittent une carrière aussi ingrate et qui ne conduit la plupart qu'à la misère de la vieillesse. Les parents sont pour beaucoup la cause du mal; ils payent trop peu, et parfois même ne payent pas du tout; on leur en donne pour leur argent. Une pension est une industrie; si les parents ne donnent pas l'argent nécessaire pour avoir de la viande, du vin et de bons professeurs, ce sont eux qui condamnent leurs enfants à en être privés. Ce qui n'empêche pas les mères de trouver de l'argent pour des futilités aussi luxueuses que superflues.

Beaucoup d'institutrices privées sont au contraire distinguées, sont des femmes de cœur et d'intelligence, parce que le travail à l'aiguille étant mal rétribué et insuffisant pour vivre, la carrière de l'enseignement est la seule ouverte à la femme qui a reçu de l'instruction; mais les maisons d'éducation ont de bien mauvaises chances par le temps de loyers chers qui court, et de concurrence ecclésiastique. Les trois quarts des institutrices qui tiennent ne marchent que parce qu'elles ont un père ou un mari. La femme professeur au-dehors est un contre-sens et une misère de plus. La place de la femme est dans la famille; le travail du dehors met le désordre dans le ménage et expose la femme à bien des chutes! puis les inconvénients de sa nature et de sa maternité ne lui permettent pas la régularité des leçons et la profondeur des études. Du reste, elle gagne si peu, dix sous, un franc par leçon, et elle a tant de mal à avoir des leçons, qu'elle finit, elle aussi, par trouver plus avantageux de ne pas payer, pour garder ses enfants, pour faire son ménage et de rester chez elle et de travailler à l'aiguille. La femme ne peut se poser dans la carrière de l'enseignement que dans deux conditions qui la font vivre : Jeune fille, institutrice dans une famille; femme, ayant un petit capital, le risquer dans un externat ou une pension, ce qui est pourtant bien chanceux; et voilà deux règles de conduite que l'on méconnaît trop : ne prendre aucune industrie sans argent et, quand la profession est précaire, se placer chez les autres, où du moins on est assuré d'avoir le logement, la nourriture et le nécessaire.

Le travailleur intellectuel est bien plus à plaindre que l'ouvrier; il ne sait pas, lui, où aller demander du travail, il n'a pas les ateliers de l'industrie, les travaux de la commune et de l'Etat; il ne peut pas, lui, recourir aux aumônes de l'assistance publique, car il se nuirait; il ne sait où chercher de l'occupation et n'a qu'un genre de travail précaire et dont on se passe; il ne peut pas même se faire terrassier, garçon de ferme ou balayeur, en peu de jours il mourrait à la peine. Et quand il ne trouve rien, on l'accuse, on dit que c'est de sa faute. Qui donc aime à souffrir et à voir souffrir les siens par la misère? Ce qui décourage encore l'homme capable, c'est de voir que tout semble en ce monde chance et fatalité : aux uns, tout vient sans qu'ils fassent le moindre effort ; aux autres, rien ne vient, et tous les malheurs les frappent malgré tout leur mérite et toutes leurs luttes. Chaque semaine je venais en aide à plusieurs de mes pauvres confrères et à des malheureux des autres carrières intellectuelles, et toujours en me condamnant à une vie de luttes, de privations, de dégoûts et de souffrances continuelles.

J'essayai de porter les instituteurs privés à garder leur dignité, à ne plus se faire de concurrence déloyale et à vil prix, à s'organiser entre eux dans les conditions du progrès et du bien, sans immixtion de l'État ni servilisme à son égard. Leurs rivalités et leurs défiances inintelligentes les uns des autres me firent échouer. Seulement, je publiai la brochure : *Bases d'une bonne maison d'Education*, pour éclairer les parents et les instituteurs sur les sacrifices à faire et sur le bien à réaliser; ce travail fut apprécié et rapidement enlevé par les instituteurs qui ne font pas de concurrence à vil prix, et pour le remettre aux parents lésineurs et déraisonnables comme sont la plupart. Je fis les frais de cette brochure et la donnai pour rien à la plupart de ceux qui me la demandaient. Je songeais à fonder l'œuvre des Bibliothéques de Famille, pour mettre une petite bibliothèque dans chaque famille du peuple; ce qui manque au peuple, c'est la lumière. Mais les commotions politiques, et ce qui vaut encore moins qu'elles, les ennemis de la lumière, vinrent encore entraver mon œuvre philodéonique.

Pour faciliter ma propagande des idées du devoir et ma mission difficile et même périlleuse de jeter ma vie au sein des perturbations politiques et sociales, je publiai mon livre *du Devoir*, petit volume des devoirs moraux, politiques et sociaux raisonnés, en donnant à chacun la raison d'être et la règle, puis un aperçu des principes et éléments d'un bon Etat social; mais cette partie, dans mon petit livre du Devoir, n'etait que vague et secondaire, parce que je cherchais à concilier les principes avec l'état de choses actuel, d'autant plus que sous Louis-Philippe il y avait une grande liberté, partant une grande espérance ; moi aussi, antipathique à ce qui est brusqué et violent, j'ai essayé d'accommoder mes principes à ce qui semblait les faire arriver progressivement, de modifier les formes tout en conservant le fond. Mais l'expérience me prouva bientôt que c'est une utopie illogique; que ces déviations, au lieu de l'ordre, ne produisent que du gâchis et ne font qu'entraver à pure perte le principe et but humanitaire, qu'il vaut mieux poser franchement celui-ci et s'y tenir sans louvoyer. Les principes ont leur logique forcée et doivent passer avant les hommes et avant l'intérêt personnel.

CHAPITRE X

Quand un désordre, une perturbation sociale éclatait, j'y jetais ma vie; je bourrais mes poches de livres du devoir et les remettais pour dire qui j'étais et ne pas être suspect, puis pour donner à penser; des deux côtés je prêchais la paix, la conciliation et les concessions mutuelles. Sans doute, la plupart ne m'écoutaient pas et gardaient leurs sentiments de haine passionnée; mais les quelques-uns que je ramenais me faisaient oublier les dangers auxquels je m'exposais. Ce dévouement, je ne m'en fais pas gloire, et ne le considère que comme ma dette envers Dieu et envers l'humanité.

Je ne me suis jamais fait le flatteur d'en bas pour frapper en haut; j'aime trop sincèrement le peuple pour cela. Je ne veux ni n'attends rien des gouvernements d'en haut ni d'en bas, trop heureux quand par intervalles on ne me rend pas martyr de mon but d'amélioration, et qu'on daigne m'accorder la liberté de dire la vérité et de faire le peu de bien par lequel je m'efforce de rendre utile mon douloureux passage sur cette terre. Bien loin d'exciter le peuple contre la bourgeoisie, je lui dis, au contraire : En honorant la bourgeoisie, tu t'honores toi-même, car la bourgeoisie, c'est l'élite du peuple, c'est toi-même élevé par le travail, l'instruction et l'ordre: elle est la gloire d'un pays; les progrès, les institutions libres et les grands hommes viennent d'elle.

La monarchie de Juillet fut la seule libérale de la France, la seule qui donna tout à la fois la liberté, la paix et le bien-être, la seule qui offrit sur le trône les vertus et l'union de la famille. Mais il semble qu'une fatalité s'attache à la royauté, puisqu'il fut impossible même à Louis-Philippe, à un esprit aussi supérieur et aussi libéral, de rester roi ce qu'il avait été prince, et de suivre une voie droite et progressive. Un roi est trop mal entouré et vit trop isolé de la nation.

Aux heures d'émeutes et de coalitions de cette monarchie de dix-huit ans, si agitée, je donnai à mon dévouement une forme qu'on trouva fort originale, mais dont voici les deux raisons : D'abord, j'ai horreur de la guerre et du sang, et je n'ai jamais tué le plus petit animal, à moins qu'il ne fût malfaisant. Pour moi, la chasse aux animaux autres que les dangereux, pour moi, les combats d'animaux sont des plaisirs barbares qui dénotent un cœur cruel. On doit se défier de qui aime à tuer ou à voir tuer, et qui fait du mal aux animaux donne à penser qu'il peut en faire aux hommes. La seule raison de ma conduite, c'est que quand on commence une carrière, surtout celle du dévouement, on se fait beaucoup d'illusions, et l'on croit pouvoir beaucoup plus qu'on ne peut. Je ne prenais donc mon fusil de garde national que le soir, pour protéger ma commune de Passy et ma famille, si elles étaient attaquées;

mais le jour je me jetais seul dans les barricades ou dans les coalitions, et je m'en tirais comme je pouvais. Encore une fois, ce n'était point par bravade, c'était pour étudier de près et dans leur effervescence les questions politiques et sociales, et pour tâcher d'éclairer, de réconcilier et d'empêcher les excès.

Dans les coalitions, je disais aux puissants influents : La loi contre les coalitions est une atteinte à la liberté et à l'égalité, et ne résoudra pas le problème. Où l'Etat intervient, il opprime toujours, et embrouille beaucoup plus les questions qu'il ne les concilie. Aux ouvriers je disais : Au nom de cette même liberté que j'invoque en votre faveur, respectez celle des autres. Vous n'avez pas le droit d'empêcher de travailler ceux de vos camarades auxquels les conditions des maîtres conviennent. Vous voulez travailler des heures de moins et avoir un salaire égal pour un temps moindre. Ce n'est pas le tout de dire : Le public payera plus cher, il faut qu'il le veuille et le puisse, et s'il ne le peut pas, vous aurez moins d'ouvrage. Les ouvriers des autres états seront en droit d'obtenir la même réduction d'heures de travail, et alors tous les objets de consommation coûteront plus cher. Vous aurez le même salaire, et vous payerez la vie six fois plus cher; tout le monde y perdra, et vous plus que les autres, parce que vous passerez probablement ces deux heures d'oisiveté chez le marchand de vin. J'approuve qu'on ne travaille pas plus que de six en sept : mais vous êtes dans ces conditions d'heure. Après tout, il me semble que cette question comporte une solution très-simple : qu'il y ait une conférence de maîtres et d'ouvriers dans laquelle il sera convenu que tout le travail possible se fera aux pièces, et que le travail à la journée sera réglé d'après un minimum de tant l'heure aux moins capables, et de tant aux plus capables, en laissant l'ouvrier libre de travailler le nombre d'heures qui lui conviendra après la limite normale de six en sept.

Beaucoup d'ouvriers me prirent à part pour me dire que j'avais raison, qu'ils désireraient retourner dans leurs familles, mais que leurs économies de caisse d'épargne étant épuisées, ils venaient se mêler aux pelotons d'ouvriers qui parcouraient la route de La Villette à Pantin, parce que chaque chef de peloton avait un sac d'argent formé par une collecte, et qu'on distribuait à ceux des camarades sans ressources. — Je vis comme vous de mon travail, leur dis-je, et le travailleur intellectuel est plus malheureux que l'ouvrier : il a plus de charges, moins de chances de travail, ne sait où en chercher, et il est payé très-irrégulièrement; mais, vivant de peu, et ne recherchant guère d'autre plaisir que l'étude, j'ai pu, ces derniers mois, économiser quelque argent; je serais heureux de le faire servir à vous rendre à vos familles, et à vous empêcher d'être arrêtés par la police. — A mes amis qui s'étonnent qu'avec ma vie sobre et rangée je n'aie jamais un sou devant moi, et que je mange mon petit patrimoine, l'explication leur est donnée par mon œuvre, par mes sacrifices de famille et par les gens qui abusent de ma confiance pour me faire perdre mon argent. Ceux que je me vois forcé de refuser me croient et me disent peut-être un avare. Singulier avare que celui qui ne garde rien de ce qu'il touche et de ce qu'il gagne!

Près de la fontaine de Reuilly, au faubourg Saint-Antoine, un harangueur, monté sur un tréteau que soutenaient deux barriques, débitait à un groupe les choses les plus absurdes, et voulait l'entraîner contre certains patrons. Je m'élançai sur le tréteau, je jetai bas l'orateur et me mis à parler à sa place. La moitié de ces clubistes en plein air voulut venger le Catilina qui lui avait payé à boire, mais l'autre moitié me protégea et porta à m'écouter; on renonça aux excès projetés contre ces fabricants, et Catilina entra dans un cabaret avec une douzaine seulement de fidèles séides. Je remis de mes livres du devoir à une cinquantaine de ces coalisés, et la curiosité les dispersa pour aller lire mon ouvrage. J'avoue que je mis un certain empressement à ne pas revoir mon interlocuteur aux manches retroussées.

Je me rendis chez quelques maîtres; leur idée me parut celle-ci: L'ouvrier a une haine irréfléchie contre son maître, n'est pas reconnaissant du bien qu'on peut lui faire. Il y a plus d'inconvénient que d'avantage à lui donner de l'importance, et, de toutes les manières, nous voulons être libres dans nos contrats et nos actions; il suffit que le gouvernement intervienne en faveur d'un enfant ou d'un ouvrier, et veuille nous imposer quoi que ce soit, pour que nous ne nous intéressions plus ni à l'apprenti ni à l'ouvrier, et pour que nous ne leur fassions pas le bien que nous comptions leur faire : telle est la nature humaine. Au reste, nous approuvons et acceptons vos idées de conciliation et d'équité, mais vous ne les ferez probablement pas comprendre aux ouvriers. — Ceux-ci m'en avaient dit autant des maîtres. On voit donc que ce sont d'injustes et mutuelles préventions qui s'opposent seules à la conciliation des intérêts, et, avec ma franchise qui ne sait flatter ni l'un ni l'autre, je dois ajouter ceci : c'est qu'en 1841, lors de la coalition des ouvriers en papier peint et de celle des fondeurs, les contre-maîtres et ouvriers chez lesquels je me rendis, tant à Belleville que dans la rue de l'Orillon et dans le faubourg Saint-Antoine, me dirent que les trois quarts des ouvriers ne demandaient qu'à travailler aux mêmes conditions, et que c'étaient ceux qui gagnaient le plus, ceux qui gagnaient 6 et 8 francs par jour, qui étaient les meneurs de la coalition.

En 1842, je me suis mêlé pendant deux mois aux familles des condamnés de l'affaire Quenisset, pour soulager leur surcroît de misère, pour calmer leur exaspération contre la condamnation trop sévère de la cour des pairs, et pour les empêcher de faire une nouvelle émeute. J'offris à la femme Quenisset un secours pour sa nourriture, une layette pour son enfant et du travail chez une blanchisseuse. Quenisset m'écrivit de sa prison une lettre de remercîments; mais, prévenu que la police fournissait à tous les besoins de sa famille, je le priai de me le dire franchement, parce qu'ayant peu de ressources par moi-même, je pourrais en disposer dans une plus large proportion en faveur des autres familles si malheureuses. Sa seconde lettre détruisit le bon effet de la première; mais que chacun médite cette parole de Quenisset: « Je n'aurais pas commis mon crime si j'avais trouvé quelqu'un qui me donnât de bons conseils.

La femme Petit vint à Passy me montrer une lettre de son mari. On y remarquait le même désordre d'idées dont était empreinte la proclamation d'Auguste Petit. La femme Jarasse me parut très-laborieuse et très-malheureuse : elle dévidait du fil de six heures du matin à onze heures du soir pour gagner 15 sous par jour. Je ne comprends pas qu'on ait la cruauté de rétribuer aussi peu le travail d'une malheureuse femme. Je fis ce que je pus pour son enfant malade. La femme Boggio avait déménagé, comme presque toutes les autres, sans dire où elle allait, et le père de Boggio était mort en apprenant l'arrestation de son fils. Mallet avait pour frères deux honorables ébénistes, qui ne l'accusaient que de paresse et de faiblesse de caractère. Je me rendis à l'apprentissage de sa fille, et, en lui remettant une tirelire, des livres, et en lui offrant de lui être utile, je lui fis promettre qu'elle n'irait pas aux mauvais bals, et ne sortirait pas sans sa mère ou sans sa maîtresse. Chez la portière, j'avais trouvé Edmonde Carlier, compromise par une lettre de Launois. Les renseignements qu'on me fournit porteraient à croire qu'elle était injustement accusée; elle désirait retourner près de sa mère, marchande de tabac à Valenciennes; mais cette mère, sous l'influence des calomnies contre sa fille, ne sentit plus son cœur. Le maire de la ville joignit vainement ses efforts aux miens, et je crains bien qu'il n'y ait eu dans cette famille un long enchaînement de douleurs.

Bien que j'aie jeté presque continuellement ma vie, pendant vingt ans, au sein des dangers et des désordres, il ne m'est presque rien arrivé. Une de mes positions les plus critiques et les plus maltraitées a été à la Butte-Chaumont, lors des combats acharnés, à coups de pierres, des enfants des écoles; il fallut, pendant plusieurs jours, l'intervention de la force armée. Un enfant de douze ans, tout ensanglanté, et qui s'obstinait à se battre avec fureur, allait être achevé, quand je m'élançai au plus fort de la bagarre, et réussis à le sauver; mais j'eus un doigt démis par un coup de pierre.

Je crois que les luttes sociales pourraient s'assoupir s'il intervenait, non pas moi tout seul, mais un certain nombre d'intermédiaires de conciliation entre ceux qui ont et ceux qui n'ont pas, entre ceux qui font le mal par ignorance et ceux qui ne font pas le bien par indifférence ou parce qu'ils ne savent pas quelle direction prendre. Le meilleur moyen de donner l'idée du devoir, c'est de faire une morale de circonstance qui frappe par l'à-propos, puis de laisser un petit ouvrage dans lequel se trouvent résumées et expliquées les idées dont on a donné sur les lieux le premier germe. J'estime assez le peuple pour ne pas me faire son flatteur, et quand je veux le relever, je commence par l'honorer en lui disant la vérité.

Il y avait des moments de découragement où je doutais de mon idée elle-même, où je me demandais : Est-ce qu'elle serait mauvaise et inférieure à ce qui était avant elle? Mais je voyais mes résultats, mais j'entendais les remercîments de mes élèves et du petit nombre d'instituteurs qui se servaient de ma méthode ; mais je recueillais les suffrages de ceux qui étudiaient mon idée philodéonique, et qui en voyaient les résultats sur la petite échelle qui m'était permise, de ceux qui me disaient qu'elle était la vérité et l'avenir. On peut lire ces témoignages à la fin de mon exposé, et ce sont eux qui me soutenaient dans mes découragements.

Ce qu'on me dit chaque jour est bien triste et peut se résumer ainsi : Que parlez-vous de vérité, d'austérité, de dignité et de dévoûment? Ceux-là même pour qui on se dévoue, loin de vous aider et de vous soutenir au jour du malheur, vous abandonnent lâchement, souvent même vous calomnient et vous accusent. Les hommes sont de mauvaises, ignobles et envieuses natures qu'on ne peut mener qu'avec le mensonge, la corruption et le sabre. Je persiste à croire qu'on pourrait les mener autrement, si la société s'organisait dans l'idée philodéonique. Encore une fois, changez les milieux et les influences, et vous changerez le sort.

Pour étudier les industries et découvertes nouvelles, et pour avoir accès dans les ateliers, je profitai d'une exposition, et je fondai un petit journal hebdomadaire, *le Panorama de l'Industrie*. Je dis je fondai : oui et non. Un individu peu littéraire et très-brocanteur avait créé un petit journal d'exposition, surtout au point de vue des annonces; il m'en proposa la rédaction à raison d'un fixe de 100 fr. par mois et d'une part dans les bénéfices, mais moyennant un prêt d'argent; je lui prêtai mes derniers, 600 fr., qu'il ne me rendit pas, et je me trouvai avec un journal et un imprimeur sur les bras, et pas de pain sur la planche. Je retombai encore à l'état d'écolier au pain sec et à l'eau. Je courus la chance et j'essayai le journal, en remplissant par moi seul tous les emplois de mon administration et de ma rédaction. Quand un de mes articles plaisait à l'industriel exposant, il m'achetait plusieurs exemplaires de mon journal, pour le donner comme prospectus de son industrie; cela me fit vivoter quelques mois. La question à l'ordre du jour était alors la direction des ballons, aujourd'hui encore à l'état de problème difficile, parce que l'air n'offre pas de point d'appui. M. Lennox surtout avait la vogue avec son énorme ballon en forme de poisson à queue en hélice, et munie d'un appareil de direction, ballon exposé longtemps rue Jean-Goujon, et qui devait partir du Champ-de-Mars pour aller, au premier voyage, je ne sais où; mais, au second, en Angleterre. Celui-ci, je me le rappelle parce que je devais en être, et je me faisais une fête de ce voyage aérien, parce que c'était là une expérience de direction, partant, qui valait la peine de s'exposer à faire un plongeon dans la mer de la Manche. Cependant il eût peut-être été préférable que M. Lennox nous dirigeât par précaution à l'Est; mais il s'agissait d'aller dîner hors de France, et l'aéronaute n'aimait pas la choucroute allemande, et préférait le pudding anglais. Le premier voyage n'ayant pas eu lieu, *à fortiori* le second, et je crois que M. Lennox, à la veille de compromettre la vie d'une douzaine de personnes, préféra donner, pendant la nuit, quelques coups de canif dans son ballon, et dire le lendemain, au Champ-de-Mars, que c'était la malveillance qui avait fait ce coup-là, et qui mettait dans l'impossibilité de gonfler le ballon. Le peuple n'entendit pas de cette oreille-là, envahit l'enceinte, mit en pièces le ballon, et en emporta les morceaux. M. Lennox et son idée furent ruinés.

Au moment où j'écris ces lignes, je reviens du ballon Nadar; j'en suis pour mes 20 sous et pour un rhume de cerveau, ayant attendu deux ou trois heures assis sur la terre du Champ-de-Mars, et pour voir un ballon très-peu géant enlever un panier carré au lieu d'un panier en corbeille, et s'en aller en Hanovre casser des bras et des jambes, sans profit pour la science. Il y avait 200,000 personnes en dehors du treillage fermant le Champ-de-Mars, mais il n'y en avait pas 200,000 payantes au dedans. Les journaux amis ou salariés de M. Nadar s'étaient trompés d'un zéro en plus. Du moment que l'hélice et la direction étaient mises de côté, je ne me serais pas dérangé si ce n'avait été un dimanche, jour où l'on prend tous les moyens de ne pas bâiller, et où la France a, Dieu merci, plus d'esprit que l'Angleterre et autres pays protestants de l'hypocrisie et de l'embêtement par ordre.

CHAPITRE XI

En février 1848, le premier soir des barricades, je m'obstinai à rentrer à Passy pour ne pas inquiéter ma mère et mes enfants. Je concède qu'on ne doit braver que les dangers qui peuvent servir une idée ou des êtres chers; je m'en tiens désormais à ceux-là, et ce n'est déjà pas mal que les souffrances endurées pour une idée ou pour une famille ; mais ici encore ne remplissais-je pas un devoir? Dans l'avenue de Marigny, je fus renversé par une charge de municipaux; je m'aventurai dans le faubourg du Roule, qui était plongé dans une entière obscurité, et je donnai sans le savoir contre une barricade, qui fut presque au même instant attaquée. Je me jetai à plat ventre, et passai entre les jambes des combattants et des chevaux, trop affairés pour s'occuper de moi. Je fus obligé de remonter jusqu'à Batignolles pour trouver une barrière ouverte, je franchis cinq ou six barricades, et quand j'arrivai à l'arc de l'Étoile, je fus pris entre deux feux ou plutôt entre le feu de la troupe et les pierres des insurgés refoulés du faubourg du Roule ; je me jetai dans un fossé, où il me tomba sur les épaules beaucoup de projectiles qui ne m'étaient pas destinés, puis je laissai le peuple occupé à casser à coups de pierres les candélabres du gaz, et je rentrai à Passy très-tard et très-meurtri. Je me levai cependant le lendemain, j'endossai mon habit de garde national et me rendis au poste de la grille du quai, où je fus forcé de rester assis, mais où je vis passer et fuir la Monarchie de Juillet, la seule monarchie libérale de la France, mais dont la dépopularisation et la chute prouvèrent que le meilleur Roi, mal entouré et trop isolé du peuple, aboutit à mal conduire et à mal finir. Louis-Philippe envoya demander à ma compagnie, par un officier de son escorte, si nous ne nous opposerions pas à sa sortie de Paris. Aucun garde national ne s'y opposa et n'adressa d'injure au malheur. Nous laissâmes passer aussi sans insulte les régiments désarmés de la nuit; nous accueillîmes et cachâmes dans le pavillon de l'octroi les gardes municipaux et les militaires déguisés ou non que chassait et poursuivait à coups de balles le peuple maître des casernes du Champ-de-Mars. Toutes les fois que j'ai à enregistrer le souvenir d'un bien, c'est si rare que je m'empresse.

Le gouvernement provisoire était composé de cœurs honnêtes et dévoués auxquels la France doit une couronne civique pour avoir préservé la patrie d'un cataclysme et le peuple des excès, et pour avoir aboli l'esclavage, l'échafaud politique et le privilége du droit. Mais c'étaient des routiniers politiques qui ne comprirent ni une république, ni le principe et but humanitaire; aussi tombèrent-ils de faute en faute; elles sont trop connues pour les rappeler, et je dis, bien avant M. Thiers : l'Empire est fait; on me traita de fou. On m'offrit de solliciter pour moi une fonction, en me disant qu'on serait heureux de mon concours, alors surtout qu'il y avait disette, non pas de candidats pour les emplois, il n'y a jamais de ces disettes-là, mais disette d'hommes de cœur et d'intelligence : les pays sont stériles en cette graine-là. Je refusai pour deux raisons : d'abord parce que je suis résolu à ne rien demander à aucun gouvernement, pour garder mon entière indépendance, et ne pas donner droit de suspecter mon désintéressement, puis parce que je ne pouvais servir une politique qui, suivant moi, perdait la république et la liberté.

Forcé de garder le lit pendant près d'un mois, je rédigeai un mémoire sur l'organisation d'une république, et je l'adressai au gouvernement provisoire, qui probablement le jeta au panier, même sans le lire. Voici un exposé de ce mémoire; les détails d'organisation sont dans mes autres ouvrages :

Il n'y a que deux systèmes de gouvernement, mais il y en a deux : l'annihilation et l'exploitation du plus grand nombre par quelques-uns; l'homme annihilé et laissé à son ignorance, à sa misère et à ses mauvaises passions. Alors, comme moyen de gouvernement et pour mener de tels hommes, le despotisme, le sabre, le bâillon et la corruption; un maître qui est tout, un peuple qui n'est rien; un clergé puissant et des religions officielles; les droits et les libertés à la discrétion de l'autorité; le servage d'État, l'État s'immisçant à tout et tenant chacun à la chaîne; la démoralisation, le paupérisme et l'ignorance comme moyens de domination; une armée nombreuse pour contenir le peuple, et la guerre pour gagner l'armée et détourner des idées de liberté; le gouvernement à gros budget et la vie chère; l'impulsion sociale dans le luxe, la futilité, le matérialisme et la corruption pour énerver les cœurs et y tuer les aspirations généreuses.

L'autre système de gouvernement, c'est le contraire : c'est la vie du plus grand nombre dans le devoir, le droit, le bien-être par le travail et la lumière : c'est l'homme citoyen.

C'est l'organisation dans le principe et but humanitaire, et sur les quatre assises sociales normales.

Pour cela :

L'organisation morale dans ses quatre conditions : *une règle de conduite au quadruple principe*, — *un sol de devoir* dans chaque milieu d'existence et formé des sept éléments qui peuvent le constituer; — *l'impulsion sociale en dehors du luxe*, des besoins factices, de la futilité, du matérialisme et de la vie oisive; — *la liberté vraie de conscience et de culte* sans rien d'officiel, de théocratique et d'imposé; liberté de temple et d'école philosophique.

L'organisation politique dans ses cinq conditions : *la liberté dans sa trinitaire unité*, et l'exercice du droit sans besoin d'autorisation, sous la surveillance et la répression de l'État; — *l'ordre par l'adhésion générale*, sans bâillon, ni compression, ni arbitraire, ni armée nombreuse; — *la paix* et à chaque peuple son sol et son indépendance; ni nation trop petite pour pouvoir se défendre, ni nation trop grande pour pouvoir conquérir et dominer; — *une administration juste et rapide*, sans bureaucratie et à l'enquête et interrogatoire publics de garantie; — *le gouvernement à bon marché* par le petit budget, le non servage et le non banquisme d'État, et la légèreté des impôts.

L'organisation sociale dans ses cinq conditions : *la famille sur un sol de devoir,* d'union, de bien-être et de lumière; — *le travail dans une organisation libre des professions* et dans les douze éléments de bien-être, de moralité, de capacité, de mission progressive et de concours de tous à chacun et de chacun à tous; — *l'éducation morale et l'instruction du plus grand nombre* par un système d'éducation sur la dignité, la vérité et la rapidité de méthode; — *la vie à bon marché* et l'aumône remplacée par le travail; — *la liberté du travail et de l'association* sans servage d'état, de la propriété et de l'intérêt de l'argent.

Il ne s'agit pas de tout faire et de tout changer à la fois, et cette transformation doit s'effectuer sans violence, excès ni spoliation; mais il faut savoir où l'on va, avoir pour but le principe et but humanitaire, et y faire tout tendre, y marcher en tout, au lieu d'aller au rebours, comme cela a lieu le plus souvent.

CHAPITRE XII

Quand je fus rétabli et remis sur pied, je me rendis peu aux clubs du soir, clubs dans une salle avec un bureau régulateur, puis à discussions généralement aussi creuses que peu effervescentes et j'approuvai Louis Blanc d'avoir détourné le peuple de la rue en l'envoyant au Luxembourg. Mais les partis de l'action tenaient souvent et à tort leurs clubs le jour en plein air, sur les places publiques; là j'y étais pour tâcher de détourner des excès et des autres actes illégaux; il y en avait toujours quelques uns qui m'écoutaient et s'en revenaient avec moi sans avoir pris part à une mauvaise action quand elle avait lieu. Je dois dire aussi que quelques uns des meneurs avaient des sentiments et des mots généreux; mais dans les masses il y a beaucoup d'existences dangereuses, beaucoup de gens les uns portés au mal par nature, les autres par l'ivrognerie, les autres par l'envie, les autres par la misère, les autres par la vie même dans le crime. Le désordre est l'affaire des malfaiteurs, c'est là qu'ils travaillent en pleine eau trouble et il y a à Paris de quarante à cinquante mille vauriens qui ne vivent qu'aux dépens des autres. Mais à part ceux-ci, la majorité du peuple n'est pas méchante et ne demande qu'à être éclairée. Les questions sociales se résolvent mal, ou plutôt ne se résolvent pas du tout à coups de fusil; au contraire elles s'enveniment; employez l'argent de cette poudre à éclairer le peuple et alors ce ne sera pas de l'argent perdu.

Le socialisme en tant qu'il veut l'amélioration physique, intellectuelle et morale du plus grand nombre est dans le vrai; mais en tant qu'il veut arriver par l'état, est dans le faux et il a beaucoup à se reprocher la chute de la République et sa propre chute à lui-même parce qu'il a effrayé les intérêts même les plus légitimes. Vous aviez tout de même raison en 48 avec votre socialisme de la liberté, me dit-on aujourd'hui et moi je réponds : on me dit toujours que j'ai raison, quand il est trop tard.

Un des socialismes les plus à la mode était le socialisme chrétien ; comme je n'ai jamais compris le contre-sens de deux mots qui s'excluent, je me suis rendu à trois clubs de socialisme chrétien, de projets de formation et aucun n'a abouti et je vais faire comprendre le pourquoi en résumant mes souvenirs et mes impressions des séances. Ce sont donc surtout les objections, les raisons d'échec que je dois exposer et aussi pour les livrer aux méditations des socialistes chrétiens encore nombreux qui ont surnagé au naufrage de 1848.

Il y avait là trois grandes catégories d'opinions. Le vrai chrétien croyant à la divinité de Jésus-Christ, aux dogmes et aux pratiques de dévotion. Le néo-chretien n'y croyant pas mais adoptant l'évangile, comme code social et comme le dernier mot de l'humanité ; enfin le philosophe.

Le vrai chrétien commença par faire un sermon souvent fort éloquent et fort intéressant sur les dogmes, la doctrine et l'influence du christianisme. Certains clubistes devraient se faire prédicateurs et beaucoup de prédicateurs n'importe quoi, excepté prédicateurs.

Le néo-chrétien engagea les clubistes à laisser de côté la divinité de Jésus, la théologie et les pratiques de dévotion qu'il traita de superstitions nuisant au christianisme et à ne s'attacher qu'à l'évangile pour en extraire une doctrine sociale, pour en composer un socialisme chrétien dont il formula la constitution et le réglement d'organisation.

Le néo-chrétien est une étude intéressante à faire, il est surtout curieux de savoir pourquoi les néo-chrétiens ne croient pas à la divinité de Jésus-Christ et je laisse parler celui-ci parce qu'il m'a paru un esprit distingué. Il commença par résumer les objections suscitées à la vie même de Jésus selon les quatre évangélistes, objections connues et développées dans l'ouvrage de M. Renan. Je dois donc exposer surtout l'autre objection parce qu'elle n'a été qu'indiquée par M. Renan et parce qu'elle est la principale des néo-chrétiens : la preuve tirée par eux des paroles mêmes de Jésus qui ne se dit jamais l'égal de Dieu et ne se donne que comme un Messie ne pouvant, ne sachant et ne voulant rien par lui-même.

L'unité absolue de Dieu, dit le néo-chrétien, est seule admissible et compréhensible. La trinité ne l'est pas car de deux choses l'une ; ou elle serait corporelle et alors ce serait un trithéisme ; il y aurait trois Dieux à corps distincts ; ou elle serait spirituelle et si les trois âmes étaient les mêmes et n'en formaient qu'une, à quoi bon trois âmes les mêmes? car il ne faut pas confondre les facultés avec l'âme elle-même et voilà l'erreur des théologiens qui ont voulu expliquer la trinité en disant que l'âme divine était formée de puissance créatrice, d'intelligence universelle et d'amour providentiel. L'âme de l'homme a ces trois facultés la puissance, l'intelligence et l'amour, et ce n'est pas une trinité. Quant à l'une de ces trois âmes qui selon Bossuet, serait tout à la fois dans le sein de Dieu et au dehors, il le dit à son élève le Dauphin parce qu'un Dauphin est tenu de tout croire ou tout au moins de faire semblant de tout croire. Mais Bossuet n'essaye même pas de l'expliquer et de le prouver, car si l'âme de Jésus-Christ était dans le sein de Dieu et la même que celle de Dieu, elle aurait les mêmes puissance science et volonté, et c'est ce que nie Jésus-Christ lui-même. Il est des phénomènes naturels, tels que la grêle, dont on ne comprend pas encore la cause, mais on y croit parce qu'on les voit.

Le Dieu de Moïse et de Jésus-Christ est un Dieu parfaitement compréhensible : c'est une unité absolue, car c'est un Dieu à l'image de l'homme avec un corps et une âme, un Dieu qui fait tous les actes corporels et qui a toutes les facultés spirituelles de l'homme, mais à un dégré de perfection absolue et de toute puissance. Ce Dieu peut tout, sait tout et est partout puisque son regard embrasse tout ; il a un trône ; on est assis à sa droite ou à sa gauche ; le bonheur des anges et des élus est de le voir face à face, de s'entretenir avec lui, de vivre avec lui, toutes choses corporelles. Le spiritualisme est une quintessence philosophique. Ce Dieu Biblique a son souffle, son âme, son esprit avec lequel il a animé le premier homme et qu'il communique aux hommes auxquels il donne une mission céleste, en déposant ce souffle dans une colombe qu'il envoie sur la terre le transmettre, esprit qui donne à l'âme humaine et à celle des anges une puissance et une science surnaturelles. Voilà une théodicée que la philosophie peut contester, mais enfin qui est compréhensible. Jésus dit qu'il va aller s'asseoir à la droite de Dieu et non se confondre avec Dieu ; loin de se faire l'égal, il se fait toujours l'inférieur de Dieu et aussi de l'esprit de Dieu, puisque cet esprit, c'est l'âme de Dieu. L'égal d'un autre c'est celui qui a la même puissance, la même science, la même volonté et la même perfection, et c'est Jésus lui même qui dit qu'il n'a ni la même puissance, ni la même science ni la même volonté ni la même perfection que Dieu.

« Le jugement dernier est proche ; mais je n'en sais pas le jour, Dieu seul le sait. Ne m'appelez pas bon maître, il n'y a de bon et de maître que Dieu. Je ne puis rien faire de moi-même ; je ne fais que les œuvres que mon père m'a donné le pouvoir de faire. Mon père, éloignez de moi ce calice, mais toutefois que ce soit non ma volonté, mais la vôtre qui s'accomplisse. Ma doctrine n'est pas ma doctrine, mais la doctrine de celui qui m'a envoyé. Dieu vous enverra pour vous rendre témoignage de moi, pour vous enseigner toute vérité et pour vous annoncer le jugement dernier, son esprit, l'esprit de vérité qui procède de Dieu le père (il n'y a pas du fils dans l'évangile). Lors, quiconque aura parlé contre moi, ses péchés lui seront remis, mais quiconque aura parlé contre l'esprit de Dieu, ses péchés ne lui seront pas remis. Le Dieu d'Israël est le seul Dieu et il n'y en a pas d'autre que lui. Si vous m'aimiez, vous vous réjouiriez de me voir retourner pour quelque temps vers mon père, parce que mon père est plus grand que moi. Jésus, disent les évangélistes, était un charpentier fils de Joseph et de Marie; quand il fut baptisé par Jean, le saint esprit descendit sur lui sous la forme d'une colombe et une voix du ciel fit entendre ces mots : celui-ci est mon fils bien aimé et mon messie. Si Jésus avait été Dieu, il n'aurait pas eu besoin que le saint esprit vînt lui transmettre un souffle de l'âme divine et la voix du ciel aurait dit : celui-ci est Dieu lui-même. L'apôtre saint Pierre dit aux Juifs assemblés autour de lui : Jésus fut un homme approuvé de Dieu pour faire des miracles en son nom. Et on s'explique ainsi pourquoi dans les premiers siècles du christianisme, un si grand nombre de chrétiens et même de prêtres et d'évêques étaient Ariens et en s'appuyant sur l'évangile. »

Laissons donc de côté, conclut le néo-chrétien, la divinité de Jésus-christ et la théologie; autrement nous n'arriverons jamais à nous entendre et à formuler et réaliser le socialisme chrétien. Vous pensez que Dieu est trinité, moi je pense qu'il est unité; mais d'un côté et de l'autre, ce ne peut être qu'une opinion qui ne peut être prouvée ni par l'un ni par l'autre puisque aucune question métaphysique ne peut être vérifiée. Pensons que les religions théologiques sont pour le plus grand nombre des hommes une chose non de conviction mais de lieu de naissance; on est Mahométan parce qu'on naît à Constantinople, Boudhiste à Pekin, chrétien à Paris. Ne nous préoccupons donc pas de toutes ces théologies que personne ne comprend et qui portent à se diviser et à se haïr, et tenons-nous en à la doctrine qui porte à la charité et à la fraternité. Formulons le socialisme chrétien sur tous les versets qui peuvent contribuer à l'amélioration physique, intellectuelle et morale du plus grand nombre et à la réalisation de la devise Liberté, Égalité, Fraternité.

Le philosophe à son tour demanda la parole et voici ses objections au socialisme chrétien :

Aux époques de dissolution sociale, alors qu'il n'y a plus de foi dans la religion officielle et que partout est, selon les termes de l'Écriture, l'abomination de la désolation, la plupart des esprits mystiques croient à la venue prochaine de la fin du monde et du jugement dernier; telle fut l'idée de Jésus exprimée a chaque page de l'évangile.

« Le royaume de Dieu est proche; faites pénitence. Le monde

va être détruit par un déluge comme celui de Noé. Les anges avec leurs trompettes feront sortir de leurs tombeaux les morts et les rassembleront afin qu'ils soient jugés par le fils de l'homme ; les élus iront dans le royaume de Dieu où les hommes et les femmes ne se marieront pas et où ils vivront de la vie des anges ; les damnés iront dans la Géhenne où il y aura des pleurs et des grincements de dents ; la génération actuelle ne passera pas et plusieurs de vous ne mourront pas sans avoir vu le jugement dernier. Je suis le Messie élu de Dieu pour vous annoncer cette nouvelle et vous dire les conditions pour être du nombre des élus. Je ne sais, ne veux ni ne puis rien par moi-même, et Dieu vous enverra son esprit lui-même, l'esprit de vérité pour vous rendre témoignage de moi, vous enseigner toute vérité et pour vous annoncer le jugement dernier.

Voilà un texte formel et clair qui se comprend de lui-même et sans commentaires. Rattachés à l'idée de Jésus, la venue prochaine de la fin du monde et du jugement dernier, tous les versets de l'évangile s'expliquent sans commentaires et sont logiques ; autrement ils ne se comprennent pas et se contre-disent et l'on est obligé de les commenter presque tous et le commentaire de l'un est l'opposé et l'ennemi du commentaire de l'autre. Mais en s'en tenant à l'idée de Jésus et au texte, tout se comprend : la fin du monde est proche ; ne tenez donc plus à ce qui est de la terre, et la condition pour aller dans le monde des élus, c'est le dédain et le contraire de tout ce qu'aime et honore le monde d'ici-bas. On comprend alors pourquoi il n'est question dans l'évangile ni de la nature de Dieu ni de la nature de l'âme ni de son immortalité à la mort de chaque homme, mais de la résurrection des morts, ni du purgatoire ni de l'organisation d'un culte nouveau ; pourquoi il n'y a jamais dans l'évangile les mots : Patrie, Liberté, Droits, Citoyen, Esclavage, ni rien qui touche à l'émancipation ni à l'organisation politique ; pourquoi il n'est traité d'aucune question sociale, ni de la famille, ni de la propriété, ni du travail, ni de la science, si ce n'est pour dire d'en prendre le dédain pour ne penser qu'au royaume de Dieu.

L'évangile est donc une doctrine religieuse, et n'est point une doctrine politique et sociale. La sagesse serait donc de le laisser dans l'église et de ne pas l'immiscer surtout en omnipotent et en droit divin, dans la politique et dans le socialisme. Mais, dit-on, il y a un christianisme social, un christianisme appliqué aux sociétés ; il y a eu un âge chrétien. Oui, il y a eu un âge chrétien, le moyen âge et l'ancien régime, l'âge de la foi du peuple et de la direction du prêtre. Mais est-ce là un résultat, une preuve pour ou contre ? Le christianisme social, d'après les textes et les idées bibliques a la formule suivante :

LE CHRISTIANISME SOCIAL

Doctrine religieuse. Le ciel est tout et la terre n'est rien ; mon royaume n'est pas de ce monde et les vertus pour aller dans le monde des élus, c'est la pauvreté, le dédain des biens et affections de la terre, l'annihilation et la vie ascétique en Dieu. Il y aura beaucoup d'appelés, mais peu d'élus et dans le royaume des élus vous serez tous fils de Dieu, notre père céleste, vous serez tous frères et vous vivrez de la vie des anges. Qui n'est pas pour moi est contre moi. Coupez et jetez au feu l'arbre qui ne produit pas de bons fruits. Je suis venu apporter non la paix, mais la division et la guerre. Hors l'église point de salut ; contrains les d'entrer.

Doctrine politique. L'annihilation et le droit divin. Rends à César ce qui est à César. Tout pouvoir est de droit divin. Résister à tes maîtres, c'est résister à Dieu. Annihile-toi et humilie-toi et si l'on te frappe la joue droite, tends la gauche.

Doctrine sociale. Le dédain et le détachement de tout ce qui est de la terre, le communisme, la pauvreté, la souffrance et la vie ascétique. Ne tenez ni aux biens ni aux affections de ce monde. Vendez tout ce que vous possédez et mettez tout en commun. Bienheureux ceux qui ont faim et soif ! Bienheureux ceux qui pleurent ! Aimez-vous les uns les autres et aimez même vos ennemis. Le travail est une punition de Dieu ; faites comme les lys qui ne travaillent ni ne filent et ne songez pas au lendemain ; Dieu saura vous donner ce qui vous est utile. La science, vanité des vanités. Bienheureux les pauvres d'esprit ! L'état le plus parfait et le plus saint, ce n'est pas la famille ; c'est le célibat et la vie ascétique en Dieu. Qu'est-ce que ma mère et mes frères ? Femme, qu'y a-t-il de commun entre vous et moi ? qui ne quitte pas tout, qui ne hait pas son père, sa mère et ses frères pour me suivre au salut n'est pas un vrai chrétien.

L'âge chrétien, moyen âge et ancien régime, fut l'application et la conséquence de la doctrine évangélique déviée de sa voie, sortie de l'église et appliquée à l'état, la conséquence d'un règne qui n'est pas de ce monde, fait de ce monde. Dans la sphère religieuse, on appliqua le contrains les d'entrer, ce qui n'est pas pour moi est contre moi et le coupez et jetez au feu qui ne produit pas de bons fruits, c'est à dire qui ne croit pas et ne pratique pas. La conséquence d'une telle doctrine, c'est l'intolérance et la persécution religieuse, la non liberté des cultes, le bâillon, l'inquisition, les bûchers religieux et les guerres de religion, la saint Barthélemy et les Dragonnades.

Dans la sphère politique, l'annihilation, le droit divin des rois et des prêtres ; eux tout et le peuple rien ; l'esclavage généralisé sous le nom de servage ; la suppression des droits et des citoyens ; aucune liberté ; le régime absolu et théocratique !

Dans la sphère sociale, le travail et la science en mépris, l'instruction du peuple un danger, le paupérisme et l'ignorance moyens de domination; l'idée et la vérité bâillonnées, censurées, emprisonnées et brûlées. Les mœurs dans l'ancien régime furent très-dissolues, la corruption déborda de toutes parts en haut et en bas et l'on se demande comment cela a pu être avec une doctrine aussi austère que l'évangile et dans des siècles où le plus grand nombre avait la foi et pratiquait la dévotion et où les prêtres dirigeaient toutes les éducations en haut et en bas. Voici la raison d'être des deux grandes classes de corrompus : d'un côté la plupart des dévots n'ont guère que la religion commode de la forme et pensent que les pratiques de dévotion suffisent pour obtenir les deux buts de leur égoïsme religieux: dans cette vie tout ce qu'ils demanderont par la prière, dans l'autre le ciel, et c'est ce qui explique cet alliage de dévotion et de corruption des sociétés chrétiennes, allant le matin à l'église et le soir dans les plaisirs les plus sensualistes. D'un autre côté, le grand nombre de gens qui soit par un froissement du bon sens, soit par l'étude du pour et du contre, ne peuvent plus croire et qui ne trouvant pas d'autre foi, d'autre enseignement permis, en viennent à ne plus croire à rien et à ne prendre aucun lien moral et se livrent à toutes leurs passions. En dehors de ces deux grandes catégories, que reste-t-il pour la vertu ? deux petites, celle des âmes vraiment pieuses et celle des philosophes.

Le christianisme a mis deux biens dans l'humanité : il a remplacé le paganisme par une religion officielle moins superstitieuse et d'une piété plus sainte et plus austère ; puis il a donné une sanction religieuse et une vulgarisation à la doctrine philosophique de la fraternité humaine, non pas qu'il ait fait que le riche se considère l'égal du pauvre et même évangéliquement l'inférieur ; seulement il a porté par les mobiles religieux à la charité celui qui a envers celui qui n'a pas. Mais d'un autre côté il a mis de grands maux dans l'humanité : l'intolérance et les guerres de religion ; les haines fanatiques, le bâillon, l'inquisition et les bûchers et massacres religieux ; la théocratie, l'annihilation et le dédain du droit et de la vie civique et sociale : c'est là une simple constatation de faits par l'histoire et que personne ne peut nier.

L'évangile est une doctrine religieuse très-propre à faire une âme vertueuse et pieuse et ne pouvant que conduire au ciel celui qui la suit avec sincérité. Mais, comme l'a fort bien compris et dit son auteur, ce n'est pas une doctrine de ce monde ; l'évangile peut faire un saint, mais ne peut pas faire un citoyen. Il ne répond qu'à un des quatre termes du problème humanitaire et ne peut pas asseoir la société sur ses quatre bases normales, et peut l'entraîner, comme au moyen âge et dans l'ancien régime, dans de grands maux sociaux. Le dernier mot de l'humanité ne peut pas être en religion, le hors de l'église point de salut et le contrains les d'entrer ; en politique, l'annihilation et le droit divin ; en socialisme, le dédain des biens et affections de ce monde, le communisme, la pauvreté, la souffrance, l'ignorance et la vie ascétique.

— Dans ce que vous avez exposé il y a beaucoup de vrai, dit un autre néo-chrétien, mais c'est la faute des prêtres ; ce sont les superstitions qui ont tué le christianisme, aussi ai-je formulé un christianisme rationnel.

— C'est de la religiosité, s'écria un catholique fervent.

— J'oppose tout d'abord une fin de non recevoir au christianisme rationnel : répliqua le philosophe. Le christianisme rationnel formé de deux termes qui s'excluent ne peut être qu'un contre sens absolu ; l'accord de la théologie et de la philosophie, de la foi révélée et de la raison est une impossibilité, et la preuve, c'est que cet accord a été tenté cent fois et par des théologiens et des dialecticiens éminents et que jamais il n'a réussi. La théologie est restée la théologie ; la philosophie la philosophie, et quand elles ont voulu se fondre, elles se sont heurtées et repoussées violemment. Il ne peut en être autrement, et la révélation ne peut s'harmoniser avec la raison et se prouver par elle puisque la première est appelée précisément à poser les questions que la seconde ne peut pas trouver et comprendre, qui ne peuvent pas être saisies par les moyens naturels et humains. Dans la sphère métaphysique, rien ne pouvant être vérifié, il ne peut pas y avoir de certitude au point de vue de la raison ; il ne peut y avoir que des opinions et voilà pourquoi la conclusion pour tous devrait être la tolérance mutuelle. De même le socialisme chrétien est aussi un contre sens absolu, et aussi formé de deux mots qui s'excluent : socialisme voulant dire la plus grande somme possible de bien être pour le plus grand nombre, et christianisme voulant dire : renonciation au bien être et à tout ce qu'aime et honore le monde, le ciel par la pauvreté et la souffrance, par la croix.

Un quart de chrétien se leva et dit : nous ne croyons pas à la divinité de Jésus-christ et nous ne prenons dans l'évangile que ce qui va à notre raison ; mais nous voyons en Jésus un génie supérieur, un messie qui est venu donner la formule du socialisme : vous êtes tous frères et aimez-vous les uns les autres. Tout l'évangile est là pour nous et nous faisons bon marché du reste.

— L'évangile, répliqua le philosophe, n'est pas un seul verset et l'on n'est pas en droit de se dire chrétien quand on ne croit pas à la divinité de Jésus-christ et qu'on n'admet pas tout l'évangile, et quand on ne remplit pas les pratiques de dévotion qu'il prescrit. Il y avait longtemps que Pythagore et Platon avaient formulé le dogme de la fraternité humaine, le précepte qu'a répété l'évangile, et l'on n'est pas pythagorien ni platonicien par le seul fait qu'on adopte cette maxime. Si Jésus n'est pas Dieu, il n'y a plus de christianisme.

Voilà les objections qu'opposaient les philosophes au socialisme chrétien et non pas l'athéisme, comme on l'a prétendu. Je pose les questions dans leur franchise et dans leur véritable état, afin de sortir les discussions du gâchis et de mettre chacun à même de les étudier sans se fourvoyer. On s'est beaucoup récrié contre les idées d'Athéisme émises même dans le club des femmes. Je les ai entendues rarement, mais chaque fois qu'elles se produisaient, je demandais la parole pour dire : les divergences théologiques et les erreurs des bibles peuvent prouver que Dieu et l'immortalité ne sont pas ce que les théologies les font, mais ne prouvent pas qu'ils ne sont pas ; seulement ils sont autrement. Gardez donc au cœur le sentiment religieux, la foi à Dieu et à l'immortalité, les deux dogmes dans lesquels sont tout le frein et tout l'espoir religieux ; c'est une noble et consolante émotion qui ne peut faire que du bien et n'a jamais fait de mal, et surtout ne restez pas sans lien moral. Ce n'est jamais pour la foi à Dieu et à l'immortalité que les hommes se sont haïs et égorgés, c'est pour des questions théologiques ; c'est la messe, la confession, la communion qui rendent le chrétien catholique l'ennemi du chrétien protestant, et voilà pourquoi beaucoup de ceux qui veulent la tolérance et la cessation des maux théologiques et théocratiques n'en voient la possibilité que dans la religion naturelle. Liberté vraie de conscience et de culte et tolérance mutuelle ; ayez votre église et votre culte, mais sans empêcher le temple et l'école philosophique des autres ; si l'on voulait vous forcer de travailler le dimanche et vous empêcher d'aller au temple, vous crieriez à l'intolérance ; commencez donc par crier contre vous-mêmes, ayez la religion que vous voudrez mais sans rien d'officiel, de théocratique ni d'imposé, sans mettre dans l'humanité les maux théologiques et théocratiques.

La grosse faute du gouvernement républicain fut la brusque abolition des ateliers nationaux, ce fut de donner avec une incroyable ingénuité dans ce piège des royalistes, de jeter sur le pavé cent mille ouvriers affamés et armés, de faire se battre et se détruire les uns par les autres des républicains par des républicains et de refuser d'accepter la proposition des représentants influents qui offraient d'aller faire tomber les barricades et cesser l'effusion du sang au moyen de quelques concessions. Ce fut aussi un républicain, cœur honnête mais ingénu politique, ce fut Cavaignac qui acheva, qui tua la république en décimant, massacrant et transportant sans jugement les républicains hommes d'énergie et d'action qui au jour du danger auraient pu défendre la république.

En juin 1848, donnant tort aux deux partis, je ne pris les armes pour aucun et fus comme aux émeutes antérieures, le jour aux barricades dont je pus approcher, le soir au poste de la mairie et là, comme sur la place publique, comme partout, je dis tout haut ma pensée, celle que j'écris aujourd'hui ; on crut me punir en me reprenant mon fusil, je remerciai.

Les socialistes de 48 qui ont passé par les Champs-Élysées ont pu voir des gens très-peu vêtus et couchés par terre ; ils ont dû trouver bizarre d'entendre des gens qui n'avaient sur eux rien à partager, qui n'avaient ni chemise ni culotte crier à bas les partageux contre les socialistes qui voulaient leur partager les chemises et les culottes de ceux qui en ont trop. Puisse la leçon de 48 faire sortir les socialistes de l'ornière du servage d'état et les convertir au socialisme de la liberté !

Quelque peu qu'ait duré la république de 48, quelque mal dirigée qu'elle ait été, c'est à elle que revient l'honneur des trois grands actes du XIXe siècle; et elle a prouvé la puissance du principe humanitaire dans le peu qu'elle en a compris; elle a aboli l'esclavage des noirs, renversé l'échafaud politique et donné le suffrage universel, posé la légitimité du droit des peuples; c'est la philosophie, la révolution qui a aboli les deux esclavages, la révolution de 1789, l'esclavage des blancs; la révolution de 1848, l'esclavage des noirs. La révolution de février a aussi mis en relief les questions sociales et l'organisation du travail, mis en pratique l'association et élevé l'intelligence et la dignité de l'ouvrier; elle a vulgarisé le principe démocratique et rendu nombreux ses partisans si rares autrefois. Elle a donné une vigoureuse poussée qui entraîne malgré eux ceux mêmes qui se regimbent contre elle et qui la calomnient et les peuples qui renaissent à la vie lui doivent leur réveil et procèdent d'elle. Aucun gouvernement n'ayant marché dans mes vues, c'est-à-dire dans le principe et but humanitaire et dans les quatre voies normales d'une société, je suis parfaitement libre à l'égard de tous et voilà pourquoi je rends à chacun la justice qui lui est due, en passant chacun au criterium humanitaire, et quant à crier malheur aux vaincus ! jamais.

CHAPITRE XIII

Beaucoup de gens qui s'occupent d'idées nouvelles ou humanitaires m'ont honoré en voulant bien se mettre en relations avec moi. Quelles que soient les idées, je les ai toujours étudiées avec le soin le plus consciencieux, pensant que même dans les plus excentriques il peut y avoir quelque chose. C'est l'alchimie qui a conduit à la chimie et à plusieurs découvertes utiles. Mes opinions pour ou contre ont toujours été le résultat d'un critérium approfondi et je vais le prouver par mon étude sur le magnétisme et le spiritisme. De relation en relation, je me suis trouvé assez souvent englobé dans les sphères magnétiques, mais sans que mes tables, mes boîtes ni ma tête aient tourné. Tous les somnambules, dont plusieurs renommés, que j'ai soumis à des épreuves de seconde vue, ont échoué, n'ont pu ni lire la première page d'un livre fermé ni me dire ce que j'avais sur ma table. Voici le travail que je soumis à quelques esprits de ce monde et auquel n'ont pas répondu les esprits de l'autre.

LE SPIRITISME ET LE SOMNAMBULISME

Il n'y a pas tout ce qu'on dit ; mais il y a peut-être quelque chose et cela doit suffire pour qu'on trouve important précisément de fixer la limite du vrai de ce quelque chose, seul moyen d'arriver à un progrès scientifique, à une vérité inconnue ou tout au moins d'empêcher le danger, c'est-à-dire la foi dans une erreur, l'avènement d'une nouvelle superstition et le charlatanisme.

LE SPIRITISME

Les Esprits sont les âmes de ceux qui ont vécu sur la terre ou dans les autres astres, âmes dépouillées de leur enveloppe corporelle mais non pas immatérielles, d'une substance très-subtile et conservant une enveloppe éthérée, un périsprit ordinairement invisible mais qui par certains effets de condensation devient visible et donne lieu aux visions et évocations. Quand le corps se dissout, l'âme va dans l'espace ou s'épure en allant dans des corps ou dans des astres plus parfaits ; il y a l'échelle des esprits et celle des mondes. Les relations entre le monde spirite et le monde corporel sont incessantes ; les esprits se mettent en relation avec les hommes par un médium humain ou inerte, homme ou table.

L'âme dans chaque monde nouveau perd le souvenir de ses existences antérieures. L'esprit retrouve tous ceux envers lesquels il a bien ou mal agi ; leur vue incessante est pour lui une source continuelle de bonheur ou de remords ; c'est là le paradis ou l'enfer de l'âme et celle-ci se réhabilite et s'épure en allant dans des corps et dans des astres plus parfaits, mais voici l'objection : Si l'on perd le souvenir de son existence, on ne peut avoir une source de bonheur ou de remords dans la vue incessante de ceux que l'on retrouve ; d'ailleurs on ne les retrouve pas puisque l'on va l'un dans un astre, l'autre dans un autre, dans l'espace ou ailleurs.

Il y a l'échelle des esprits et celle des mondes. Dans les mondes supérieurs il n'y a que de purs esprits et le bien seul est connu. La terre est un des mondes inférieurs ; les esprits vont dans les sociétés avec les passions desquelles ils sympathisent ; les esprits purs ne vont que dans les sociétés où le peuple a de la dignité, de l'austérité et de l'instruction, pauvre France !

L'homme a de plus son bon génie et son mauvais génie, son Oromaze et son Ahrimann qui lui inspirent ses bonnes ou ses mauvaises pensées; il est libre de céder à l'un ou à l'autre ; d'après les esprits, le manichéisme au lieu d'être une hérésie serait la vérité.

Dieu est un, immatériel, souverainement juste et parfait; il a créé toutes les choses visibles et invisibles et c'est lui qui mène le monde. Il ne nous est donné de connaître ni l'essence de Dieu ni le principe des choses. D'après les esprits, le juste ne mourrait donc pas en Dieu et ne vivrait pas en lui dans l'autre vie? Le rationalisme fait de plus cette objection : Si c'est Dieu qui mène le monde, pourquoi le mal y domine-t-il?

On peut prier Dieu et notre ange gardien ; toute prière faite à Dieu est entendue des bons esprits qui exécutent ses volontés. L'objection du rationalisme est celle-ci : pourquoi alors l'honnête homme qui prie tous les jours est il aussi malheureux le lendemain que la veille et souffre-t-il souvent toute sa vie?

Les esprits supérieurs s'incarnent quelquefois dans les mondes inférieurs pour y accomplir une mission de progrès et conduire les hommes dans la voie du bien, les souffrances qu'ils endurent volontairement dans ces missions les élèvent aux yeux de Dieu et dans la hiérarchie des esprits. Voilà comment les spirites expliquent Jésus-Christ, mais qui prouve que ce soit la vérité? Il y a quatre opinions sur le christ: c'est un Dieu, un homme, un mythe ou un esprit. La vérité est la vérité, répondent les spirites, et ni l'Évangile ni le spiritisme ne peuvent faire que le blanc soit le noir, mais le critérium du spiritisme me paraît le plus trompeur puisqu'un esprit peut répondre le contraire de ce qu'un autre a dit. Le critérium n'aurait de valeur que s'il y avait concordance, unanimité de réponse dans tous les esprits consultés sur une même question.

Les esprits supérieurs se communiquent aux hommes par les médiums humains, organisations spéciales aptes à recevoir l'impression des esprits, médiums parlants, voyants, écrivains, dessinateurs ou musiciens. Les esprits inférieurs ou frappeurs sont les loustics et les saltimbanques de l'endroit, se logent dans les tables, boîtes ou autres matières inertes et s'amusent à se moquer de ceux qui les interrogent et à les induire en erreur.

C'est là un des points les plus vulnérables du spiritisme. Comment distinguer l'esprit supérieur du loustic et du saltimbanque? vous répondez: s'il fait une réponse morale dans un langage convenable, mais il peut répondre très-convenablement dans un langage contradictoire ; il peut répondre seulement par oui ou par non, comme cela arrive le plus ordinairement. Dieu est-il unité absolue? oui. Dieu est-il trinité? oui. Dois-je tutoyer mon père et ma mère? oui, car tu dois leur donner un signe d'amour et d'intimité qui les distingue des étrangers. Non, car tu dois leur donner avant tout une marque de respect.

Bien plus, voici venir les spirites schismatiques qui prétendent au contraire que ce sont les médiums inertes, les boîtes et les tables qui sont les médiums supérieurs et les boîtes consultées sur le spiritisme de M. Allan Kardec ont répondu que c'était de l'idiotisme.

Pour se manifester à nous d'une manière sensible, l'âme n'a besoin que de reprendre du fluide humain ; si nous donnons par imposition des mains une certaine quantité de fluide humain à une boîte ou à une table, une âme le touchera, reprendra de ce fluide et une fois la correspondance du fluide humain établie entre les deux êtres, l'invisible s'emparera de cet objet, pour nous exprimer ce qu'il voudra nous dire. Les boîtes sont le meilleur moyen de fonctionnement parce qu'en tenant directement le crayon, on mélange ses sentiments et ses idées avec les sentiments et les idées de l'invisible.

Ainsi le médium humain évoque l'âme qu'il désire ; le médium inerte est touché par l'âme en ce moment la plus près de lui et à laquelle on doit demander son nom. Mais comment se fait-il que ce soit l'âme de Midas qui se trouve chaque fois en contact avec la même boîte ? et comment se fait-il que l'âme de Midas puisse avoir une seconde vue et des connaissances qu'elle n'avait pas sur la terre? dans le mediumisme inerte, il se pourrait que l'esprit se fourrât non dans la boîte, mais dans le corps de la personne qui la fait tourner ; autant alors se borner à prendre un crayon et à le tenir soi-même comme du reste le pense et le prescrit le grand prêtre pseudonyme du spiritisme, M. Allan Kardec, ex professeur et auteur de la grammaire de M. Lévy ; décidément les professeurs de langues tournent à la Magie et M. Hamilton le gendre et le successeur des cours d'anglais de Robertson ne pouvait faire moins que de prendre le grand bonnet pointu et la baguette cabalistique de Robert Houdin ; je sais bon gré à celui qui m'amuse et mauvais à celui qui ajoute un nouveau grain de superstition à ce chapelet déjà trop garni.

Vous dites à ceux qui ne réussissent à être mediums ni à évocations ni à boîtes que c'est parce que les esprits n'ont pas de vocation pour eux, mais il me semble que quand on évoque une mère ou tout autre être avec lequel on a échangé un amour ardent, l'esprit devrait accourir. S'il existe du fluide magnétique animal, chacun doit en avoir sa dose et doit en effectuer un écoulement quelconque dans une table ou dans une boîte. Une seule personne très fluidifique ou tout au moins trois ou quatre réunies des premières venues devraient pouvoir magnétiser une table ou une boîte. J'ai essayé ; à ma prière, vingt ou trente personnes ont essayé, aucune n'a réussi. De deux choses l'une : ou il n'existe pas de fluide magnétique animal, ou les médiums à évocations et à boîtes sont des organisations exceptionnelles comme les somnambules naturels et les hallucinés et alors l'état, non des esprits mais de l'esprit de ces organismes peut constituer une étude fort intéressante, mais non un monde des esprits, mais non une doctrine et une règle de conduite et d'idées.

LE SOMNAMBULISME

Le fluide magnétique humain s'échappe par les extrémités, se confond avec celui d'une personne magnétisée et les deux éprouvent les mêmes sensations, identifient leurs âmes et leurs idées. Le somnambulisme naturel est un fait et produit des phénomènes exceptionnels qu'on ne peut nier; on peut produire par la magnétisation le somnambulisme artificiel et à seconde vue.

La conformité des sensations et la seconde vue sont et le succès et le danger du somnambulisme. Trois fois j'ai soumis des somnambules à des épreuves ordinaires et trois fois ils ont échoué : ils n'ont pas réussi devant les Académies. Il y a donc un grand danger physique et moral à consulter les somnambules; mais la science doit étudier tout phénomène et ma persévérance prouve mon désir consciencieux d'arriver à la vérité.

ÉTUDES A FAIRE

La nature de l'âme est pour le surnaturalisme comme pour le naturalisme la première étude à faire, car il s'agit de savoir avant tout si l'âme est un fluide vital universel ou une substance immatérielle spéciale à chaque corps et créée par Dieu au moment de chaque naissance. Si l'âme est un principe vital universel, ou le résultat d'un jeu d'organes, il n'y a pas de monde des esprits

Le naturalisme pose la question de l'âme dans des termes dignes d'étude. Des phénomènes les mêmes, dit-il, doivent avoir une cause la même ; le principe vital ou âme des animaux est donc de même nature que celui de l'homme ; l'animal a les mêmes facultés intellectuelles et les mêmes passions que l'homme. L'âme de l'homme a cinq facultés naturelles : l'instinct, la volonté, la mémoire, le raisonnement et la sensibilité. L'instinct n'est qu'une des facultés de l'âme, celle de faire ce qui n'est pas appris. L'âme de l'animal a ces cinq facultés ou propriétés, et l'animal a aussi les passions du cœur humain : l'amour, la haine, la joie, la tristesse, le courage, la crainte, la colère, il a la conscience du bien et du mal et son esprit est progressif, puisqu'il est susceptible d'éducation et il est capable d'abstractions puisqu'il fait des actes réfléchis, des comparaisons d'idées. Si l'animal n'a que la raison naturelle et n'a pas la raison cultivée, n'a pas la civilisation de l'homme, c'est qu'il lui manque les trois moyens de cette civilisation : la parole, l'écriture et l'éducation par les livres; mais cela ne fait pas que le principe vital qui l'anime ne soit pas le même ; le mobile animant une même organisation physiologique doit être le même ; la cause qui produit les mêmes phénomènes doit être la même et il ne suffit pas de changer les noms pour changer les choses. La supériorité de l'homme est dans la science; mais la science est de l'acquis et par les trois moyens de civilisation dont ne dispose pas l'animal. L'âme du cretin est de même nature que celle du savant, il s'agit de la conformité de nature et non de la supériorité d'effets.

Pousser plus loin l'éducation des animaux, leur donner un moyen de transmettre leurs réponses et leurs idées par un langage mimique ou par une écriture quelconque et faire des animaux une étude spéciale ayant pour but de constater la conformité ou la non conformité de la vie intellectuelle et passionnelle de l'homme et de l'animal, la conformité ou la non conformité des actes intellectuels accomplis en dehors des connaissances, idées et habitudes acquises par l'échange du langage, l'écriture et les livres, de constater aussi la conformité ou la non conformité de l'organisme dans le même genre d'intelligence ou de caractère de tel homme et de tel animal.

Étudier et constater non pas seulement quel est le cerveau, car ce viscère n'est pas tout l'organisme, mais quel est l'état de chaque partie de l'organisme des grandes variétés de caractère et d'intelligence? quel est l'état physiologique de chaque viscère et de chacun des systèmes nerveux, sanguin, lymphatique, bilieux et musculeux? L'hypocondrie qui change en noir le caractère n'est pas une maladie du cerveau. Peut-on modifier par des moyens physiologiques ou thérapeutiques un ou plusieurs de ces organes et systèmes, et quelle réaction cette modification de la vie physique a-t-elle sur la vie métaphysique?

Faire la même constatation et les mêmes épreuves sur les natures hallucinées et constater si les médiums et somnambules artificiels ont le même organisme que les hallucinés et les somnambules naturels.

Par quel phénomène, des corps, les vers entr'autres naissent-ils sans reproduction, et, sous quelle influence ces organisations réalisent-elles les fonctions de la vie?

Constater l'existence du fluide magnétique animal par des expériences physiques irrécusables comme celles qui prouvent l'existence du calorique ou du fluide électrique.

Constater le genre et le degré de puissance et la réalité d'écoulement du fluide magnétique humain et s'il est suffisant pour faire mouvoir une table ou une boîte; ou bien s'il y a dans le corps humain une chose qui a la faculté de donner l'impulsion par une simple imposition.

Constater si tout corps humain émet ou peut émettre du fluide magnétique ou s'il faut des natures exceptionnelles pour le médiumisme et le somnambulisme artificiel. Constater quelles sont les conditions organiques nécessaires et si elles peuvent être acquises ou perdues par des modifications physiologiques.

Voilà les premières études qu'un physiologiste devrait faire et celles qu'aucun n'a faites. Voici maintenant les expériences spéciales au spiritisme.

Faire, dans la même séance, sur trois médiums humains, trois inertes et trois somnambules, mais ne pouvant communiquer entre eux, l'expérience suivante : Leur adresser à chacun la même question. La concordance de réponse rendrait irréfutable l'existence d'un monde spirite.

Soumettre le même malade aux trois médiums humains inertes et somnambules, et constater si tous disent la même souffrance, le mal vrai du malade.

Les médiums humains, inertes et somnambules, passent pour avoir une seconde vue triple : corporelle, intuitive et scientifique. Pour la corporelle, c'est-à-dire pour la seconde vue à travers les corps et les espaces, les trois épreuves suivantes : 1° lire la page d'un livre fermé ; 2° dire quel objet est dans telle chambre, sur tel meuble ; 3° quelle ville habite telle personne, dans quelle rue et à quel numéro ?

Pour la seconde vue intuitive, penser une question sans l'articuler, et demander la réponse aux trois médiums.

Quant à la seconde vue scientifique, ce serait la plus étonnante, car la science n'est pas une chose qui se voie ni qui se devine : c'est une connaissance acquise par de longues études. Un médium ou un somnambule pourrait donc voir l'altération d'un de nos organes, ce qui serait un service immense pour la Médecine, qui souvent ne voit rien ou voit mal, et donne la maladie du remède ; mais le traitement d'une maladie, c'est de la science, c'est de l'acquis. L'épreuve à faire sur les trois médiums est de leur poser ces trois questions de science : Quel est le produit de tel nombre par tel autre? Quelles sont les circonstances et la date de la mort de tel homme ? Quelle est la composition chimique de tel remède ?

Les tours de force du médiumisme ne sont-ils pas de simples tours de physique et de magie ? Le plus grand tour était les spectres, et le physicien Robin en fait autant.

Tels sont les genres d'épreuves qui peuvent conduire à une conclusion ; ce sont donc les seuls qui puissent intéresser les hommes sérieux.

Si le naturalisme ou rationalisme physiologique prouve qu'il est la vérité, ou si les épreuves offertes au médiumisme ne réussissent pas, il n'y a pas de monde des Esprits ; les spirites devront alors ne pas persister à vouloir introduire une idée qui serait une nouvelle superstition ; ils devront donner une autre direction à leurs études, et toutes les recherches, découvertes et constatations des spirites ou des rationalistes posant dans le vrai l'organisme des natures hallucinées, l'influence de leur organisme sur leurs facultés intellectuelles, les phénomènes en dehors de l'ordinaire qui en sont la conséquence, et l'action de l'organisme humain sur les corps inertes, toutes ces études des uns et des autres mériteront l'attention et la reconnaissance de tous ceux qui s'intéressent à la science.

Les réponses censées venir des âmes sur des questions ou sur des hommes connus ne prouvent rien; un médium ou une personne tenant une boîte à crayon peut les trouver de soi-même.

Je suis sceptique parce que, de toutes les épreuves faites par moi-même ou par d'autres à ma prière, sur des somnambules, des esprits et des boîtes, aucune n'a réussi, et parce que les mandataires des esprits n'ont pas accepté les épreuves loyales et concluantes que je leur demandais en dehors de leurs cénacles et même au dedans. C'est donc une superstition et un danger de consulter des somnambules, des médiums ou des boîtes spirites; la logique dit donc qu'il faut attendre que des essais moins douteux et plus scientifiques aient fixé sur la fausseté ou sur la limite du vrai du Magnétisme animal.

Je dois justifier mon scepticisme par des faits : Un jour qu'on me vola ma bourse, j'eus affaire chez une institutrice qui est l'amie d'une somnambule; celle-ci vint, on la magnétisa, elle mit mes mains dans les siennes et dit : « La bourse n'est pas volée; elle est tombée au pied du lit et je la vois. » Je courus à la vérification, je retrouvai mon lit, mais pas ma bourse, et je me gardai de demander à la somnambule le voleur : car c'est là un des grands dangers des consultations somnambulesques, de compromettre un innocent ou bien d'exciter la jalousie d'une femme ou d'un mari, ou bien de dire qu'on voit une maladie, une lésion d'organe qui n'existe pas. Un de mes amis, chef de bataillon, alla consulter une somnambule sur une maladie ancienne qu'il avait et qu'il connaissait, mais pour éprouver si elle verrait et sentirait juste : elle répondit tout de travers. Un soir, j'assistai à une séance solennelle du somnambule le plus célèbre de l'époque. Il y avait là un public de beaux messieurs et de belles dames, une collection distinguée de crédules. On fit faire au somnambule des tours de force merveilleux; il alla jusqu'à dire ce qu'il y avait dans les bureaux d'un négociant du Mexique. Le public se livrait à un enthousiasme nerveux, participait aux extases du sujet, et tombait en cinq et même en six copes. Je demandai la parole; le médecin, directeur du sujet, me l'accorda; je me rendis sur l'estrade, je mis mes mains dans les mains magnétiques, et je priai le somnambule, lui qui voyait si loin, de me dire ce qu'il y avait tout près et chez moi, ce qu'il y avait sur et dedans ma table de nuit, et tous les adeptes bondirent en m'appelant un mauvais plaisant. — Je ne plaisante pas, attendu que je ne mets pas dans ma table de nuit ce qu'y mettent les autres. Le somnambule trouva qu'il y avait tout ce qui n'y était pas, et ne trouva pas ce qui y était : livres dessus et livres dedans.

Chez un autre, une somnambule venait de jouer aux cartes, après qu'on lui eut mis un bandeau en cinq doubles. Je la priai de lire à travers une simple feuille de papier, et elle ne le put pas. Le magnétiseur se mit en colère, et dit qu'il n'entendait pas se soumettre aux épreuves demandées, et qu'il voulait s'en tenir à son programme. Je me levai et me retirai avec mes deux filles.

A une séance de boîtes tournantes et parlantes, il ne se trouva que la somnambule et son magnétiseur pour les faire tourner. J'ai acheté trois boîtes et les ai prêtées à vingt familles, en les priant d'essayer consciencieusement : aucune n'a réussi.

Quant aux évocations spirites, le physicien Robin vient de les faire rentrer, j'allais dire sous terre, mais c'est sous verre, d'après le procédé physique. Les spectres Home ont surtout sur les spectres Robin un grand désavantage : celui d'être pris au sérieux. Encore si l'on faisait du magnétisme et du spiritisme une étude sérieuse et scientifique pour découvrir s'il y a du vrai et la limite du vrai ; le somnambulisme naturel et d'autres maladies nerveuses et cérébrales produisent des phénomènes qui ne se manifestent pas dans l'état normal; c'est même là un des problèmes physiologiques et psychologiques de l'âme ; mais comme on les exploite dans un intérêt d'argent, ils restent à l'état de charlatanisme ponr les exploiteurs et de crédulité fanatique pour les exploités.

Le somnambulisme et le spiritisme ont trois grands dangers : celui des fausses réponses, celui d'une nouvelle superstition et celui de l'aliénation mentale. S'il n'y avait que les tables qui tournassent, mais il y a encore plus de têtes que de tables qui tournent. La Médecine a constaté que le nombre des fous a beaucoup augmenté depuis le spiritisme, et l'on va être probablement forcé d'ajouter à chaque hôpital de fous une annexe, un hôpital de spirites.

Mes ouvrages m'ont mis en relation avec une dame professeur et poëte lauréat de l'Académie, et après avoir lu le volume qu'elle m'a fait l'honneur et le plaisir de m'offrir, j'ai gardé de madame Bl*** le souvenir d'un cœur et d'un esprit d'élite. Elle regrette peut-être son humble jeunesse de giletière. La souffrance l'a rendue poëte : elle vit mourir sa mère dans les tortures d'un cancer, et celle-ci l'engagea à prendre un appui dans un mari, bien qu'elle n'eût alors que quinze ans. Elle épousa un ouvrier tailleur, un assez brave garçon, mais d'une nature hypocondriaque et portée au surnaturalisme. Elle aussi se dit : « Cela se passera sous mon influence, » et elle aussi paye du bonheur de toute sa vie sa trop grande facilité à avoir pris un mari. Ce furent les tables tournantes et le spiritisme qui développèrent le germe et rendirent fou ce jeune homme. Les premiers troubles du cerveau affaiblirent sa vue, et le forcèrent de renoncer à son état de tailleur; il prit un emploi dans les bornes-fontaines de la ville. Aujourd'hui, il est dans une maison de santé, aux frais de sa femme. L'intelligence d'élite et la volonté de madame Bl*** ont donné à cette dame une demi-instruction, et les personnes que sa poésie et sa position ont intéressées lui ont procuré quelques leçons ; mais elle ne peut arriver à nouer les deux bouts, et à suffire aux charges de son fils en pension et de son mari dans une maison de santé. Elle n'a encore que trente ans en 1863 ; elle a encore bien du temps à souffrir par la famille !

A propos de l'âme des hommes, je suis amené en ce moment par le spiritisme et par mon chat à penser à celle des bêtes. Les facultés et les passions de l'âme sont les mêmes chez l'homme et chez l'animal, et même l'animal, le chien particulièrement, a plus d'esprit et de raisonnement, et surtout plus de cœur, de dévoûment et de fidélité que beaucoup d'hommes. La supériorité de l'homme, le cachet humain, c'est la raison cultivée, c'est le droit et la science ; et comme Dieu a donné à l'homme les trois moyens de civilisation qu'il a refusés à l'animal, il lui demandera compte de l'usage qu'il en aura fait, et lui impose une responsabilité qu'il ne peut exiger de l'animal. Les animaux qui passent pour les plus indifférents et les plus ingrats n'ont cette mauvaise réputation que relativement au chien, et parce qu'on n'a pas assez observé ni mis en relief leur cœur aimant. Pendant l'une des vacances de mon enfance, je gâtais le chat de ma famille, je jouais avec lui, je lui partageais mes repas. Je repartis pour le collége. Ma mère m'écrivit que mon chat me cherchait et me miaulait sans cesse, ne quittait ni ma chaise de table ni mon lit, qu'il refusait à manger, et qu'il avait fini par mourir de chagrin. En ce moment, où toute ma famille est absente, où je suis seul depuis un mois, mon chat, quand je suis à la maison, ne quitte plus mes genoux, ne cherche plus à sortir, me fait des mimis, des ronrons et des lèchements à en être importun, si les témoignages d'amitié pouvaient l'être. Il semble comprendre mon isolement et ma tristesse, et vouloir me consoler et me distraire ; il joue et m'excite à jouer, et me force à dire comme Crébillon : « J'aime les animaux depuis que je connais les hommes. » O enfants ! ce chien, envers lequel son maître a parfois même des traitements durs, ne cesse de l'aimer, de lui prodiguer ses caresses, ne lui manque jamais, se dévoue pour lui jusqu'à la mort, n'est pour lui la cause d'aucune tristesse ; et vous, ô enfants ! comment pouvez-vous vous mettre au-dessous de l'animal ?

CHAPITRE XIV

Un *M. Troyon*, dont la demoiselle venait souvent chez mon propriétaire, ayant perdu par le vol plusieurs actions au porteur, proposa, par l'organe du journal *le Siècle*, un prix de 400 fr. à l'auteur du meilleur mémoire sur cette matière financière. Il n'est pas dans mes habitudes de prendre part à ces concours, et de prétendre à une récompense d'argent pour prix d'une bonne idée; je ne remis donc à la commission du *Siècle* aucun mémoire; mais je fis parvenir à M. Troyon, par l'intermédiaire de sa demoiselle, le moyen suivant :

LES TITRES AU PORTEUR

Je perds un titre au porteur, je fais ma déclaration à la compagnie, et je justifie de ma propriété. On laisse écouler un délai de trois ans, parce que le titre peut être retrouvé, et pour voir ce qui se passera. Au bout de trois ans, la compagnie me remet mes intérêts et un titre nouveau, sans danger pour elle. Un arrêté des comités d'administration ou une loi déclarera que les compagnies ne payeront que sur présentation des titres nouveaux. Ce titre portera le mot *nouveau* et le même numéro que l'ancien. Il sera donné avis de sa création au syndicat des agents de change. Quand une négociation aura lieu, de deux choses l'une : ou ce sera, comme ordinairement, par le ministère d'un agent de change, et cela ira tout seul; si c'est entre deux particuliers, celui qui devra prendre l'action s'informera préalablement s'il n'y a pas un titre nouveau, de même qu'avant de prendre hypothèque, on va s'informer s'il n'y en a pas d'autre. Voilà un moyen qui est simple et sûr, et qui concilierait les deux intérêts.

Je voulus savoir ce que pouvait valoir mon idée, et je la remis, sans lettre de sollicitation d'insertion, à trois journaux d'affaires. *Le Siècle industriel* l'inséra dans son numéro du 22 novembre 1860, et plusieurs personnes, entre autres mademoiselle Troyon, et aussi, me dit-elle, son père, trouvèrent mon idée bonne. Il est plus que probable qu'on ne l'adoptera pas.

CHAPITRE XV

Nous avons donc un critérium pour juger si une nation et un système de gouvernement sont dans le vrai ou dans le faux, dans le principe et but humanitaire, ou s'ils vont au rebours, si une société est assise sur ses quatre bases normales. On n'a qu'à se demander si l'organisation de cet État est dans les quatorze conditions normales indiquées au chapitre XI ; se faire les questions suivantes : Comme organisation morale, cet État a-t-il une règle de conduite au quadruple principe? un sol de devoir? l'impulsion sociale en dehors du luxe? la liberté vraie de conscience et de culte? et ainsi de chaque condition de l'organisation morale, politique et sociale.

Faites ces quatorze questions à la plupart des États, et vous compterez à combien ils répondront oui. Le pourquoi du faux et les conditions du bien sont dans mon organisation philodéonique et dans ma biographie, c'est-à-dire dans ce volume; je ne le répète donc pas ici. Mais il est une question sociale dont on ne se préoccupe pas assez, et sur laquelle je dois appeler l'étude : la cherté de la vie. C'est la question sociale la plus grave et la plus menaçante d'aujourd'hui, parce qu'elle crée la gêne générale, la souffrance du travail et la démoralisation, parce que c'est donc surtout elle qui peut causer un cataclysme. Nous ne nous trouvons pas si bien des contre-sens pour ne pas essayer de la logique. Je veux le bien, je le cherche consciencieusement, et quand je vois la société dans des circonstances si critiques, c'est un devoir d'honnête homme de lui soumettre ce que je crois les causes du mal, partant, de poser franchement les questions, car je voudrais que la société ne fût pas toujours condamnée à l'excès du mal pour y voir clair et changer de route.

Nous avons donc d'abord à constater la cherté de la vie, puis à montrer qu'elle crée la gêne générale, la souffrance du travail et la démoralisation ; enfin à en dire les causes et ce sera en dire les remèdes, puisque la cause cessant, l'effet cesse.

BUDGET DU STRICT NÉCESSAIRE D'UNE FAMILLE DE QUATRE PERSONNES

Loyer à l'étroit	365 fr.
Un pain de 4 livres à 85 centimes	300
Premier déjeuner, seulement avec du café au lait et du beurre, 70 centimes	255
Second déjeuner, seulement avec un fruit, 5 centimes par personne	75
Dîner : viande, légumes et dessert, 50 cent. par personne	730
Vin, seulement un demi-litre à 35 cent. par jour	130
Beurre de cuisine, 20 cent. par jour	75
Charbon. 20 cent. par jour	75
Épiceries, éclairage et petites dépenses de cuisine, 65 cent.	240
Blanchissage, 4 fr. par semaine	210
Chauffage de six mois, à 25 cent. par jour	45
Toilette mesquine, 150 fr. par personne	600
Dépenses générales quotidiennes et objets renouvelés, éducation, etc., 1 fr. 50 c.	550
Par an	3650 fr.
Par jour	10

Et on ne peut rien mettre de côté pour le chomage, les non valeurs et l'imprévu, maladies, mort etc.

Ce budget de famille déjà imprimé dans un autre de mes ouvrages fait une certaine sensation et on vient de me le montrer dans un ouvrage de morale. Quand dans une réunion je le lis article par article, chacun se récrie : c'est trop peu ; puis quand je dis l'addition de tous ces trop peu, chacun reste stupéfait et beaucoup ne se sont jamais rendu compte de leur budget et de leurs dettes.

Il est donc impossible à la famille ordinaire, à la famille de quatre personnes, de vivre à moins de dix francs par jour à Paris, sans manquer du nécessaire ou sans faire de dettes. Parfois un employé ou un autre petit bourgeois me dit : je ne gagne pas cela et nous vivons sans faire de dettes... Oui, mais pas sans manquer du nécessaire ; et ils le prouvent quand ils consentent à établir leur budget à côté de ma pierre de touche ; c'est manquer du nécessaire que d'être entassés insalubrement quatre dans un logement de deux ou trois petites pièces sous les toits, que de ne pas boire de vin, que de ne pas manger de viande ou d'en avoir si peu que le goût disparaît sous la masse du pain, que de raccommoder sans cesse des vêtements et du linge usés sans pouvoir les renouveler, que de ne pouvoir prendre ni un omnibus ni un plaisir modeste, que d'envoyer ses enfants à l'école gratuite etc etc.

Sur les quatre cent mille familles de Paris, il n'y en a pas vingt mille qui aient dix francs par jour ou au dessus ; il y en a donc trois cent quatre vingt mille dans la gêne ou dans les dettes. La différence du budget d'une famille ouvrière et d'une famille bourgeoise est d'un tiers ; il faudrait donc 2400 francs à la famille ouvrière, sept francs par jour, et les 99 centièmes des ouvriers sont loin de gagner cette somme. Quant à la femme, la veuve mère de famille ne gagne le plus que deux francs par jour et est condamnée à la misère ou à la prostitution. L'annexion des banlieues a augmenté de deux cents francs la dépense annuelle des petits ménages, depuis dix ans le prix de la vie a augmenté de moitié, et la plupart des salaires des ouvriers, des appointements des employés et autres et des revenus des petits rentiers n'ont pas augmenté ; les quelques salaires et appointements plus élevés n'ont augmenté que du sixième au quart, le luxe a pris des développements de plus en plus ruineux ; il y a donc plus de gêne et de dettes qu'il y a dix ans. La preuve pour la petite bourgeoisie, c'est-à-dire pour la majorité, la voici dans la lettre publiée de ce chef de bureau et qui constate que sur les sept mille employés du chemin de fer de l'est il y a 3600 saisies et oppositions sur les appointements. La preuve pour la classe ouvrière, la voici dans les comptes rendus et dans les appels annuels des bureaux de bienfaisance à la charité. L'ouvrier ne pouvant plus demeurer dans Paris est obligé ou de payer un omnibus ou de se fatiguer pour arriver à pied, d'avoir moins de force pour le travail et de dépenser plus en mangeant au cabaret, n'étant plus à la portée de sa famille. La gêne et le paupérisme vont toujours croissant; les palliatifs qu'on leur oppose sont donc impuissants et la raison en est que ne s'appliquant pas aux causes ils ne peuvent pas en détruire les effets. La cherté de la vie engendre donc la gêne générale.

Elle est aussi l'une des causes de la souffrance du travail et du commerce, parce que quand on a à peine de quoi à payer un loyer à l'étroit, une nourriture insuffisante et le strict vêtement, on se restreint sur tout; au lieu de trois vêtements, de trois objets d'art, de trois leçons ou de trois plaisirs, on n'en prend qu'un. D'un autre côté les habitudes de luxe et la cherté de location des boutiques compromettent une situation commerciale; comme disent les industriels de tous les genres, on ne gagne que pour le propriétaire. La cherté de la vie est encore une cause de souffrance pour Paris, en empêchant les étrangers d'y séjourner; ceux qui y passaient ou y auraient passé trois mois, n'y restent que quinze jours. Quand la vie est chère, le commerce ne va pas, le travail manuel et intellectuel souffre. Le public dont vivaient les petites industries disparaissant par les démolitions, les petites industries sont ruinées. Le rapport du président du tribunal de commerce constate que le nombre des faillites a augmenté de 40 pour 100 dans les cinq dernières années et une autre statistique officielle révèle qu'à Lyon et dans les autres grandes villes manufacturières il y a un tiers des ouvriers sans ouvrage. Cette situation est donc loin d'être de la prospérité industrielle.

La cherté de la vie et l'impulsion sociale dans le luxe et dans le matérialisme sont aussi deux des grandes causes de la démoralisation générale. Le luxe multiplie les besoins et surtout les besoins factices et comme pour les satisfaire, comme pour même atteindre au prix de la vie, pour avoir même le nécessaire, le gain ou le revenu ordinaire ne suffit pas, il faut recourir à d'autres ressources, il faut se le procurer à tout prix, *per fas atque nefas*, celui-ci avec des vols reçus, celui-là avec des jeux de bourse ou de carte, cet autre en se vendant, en se prêtant à toutes les compositions de conscience, en se faisant le complice d'actes que réprouve sa conscience; la femme bourgeoise en ayant un amant riche; la femme du peuple en se livrant à la prostitution, mais à ceux qui crient si fort contre la corruption de la femme je réponds : vous en êtes responsables devant la société et vous le serez devant Dieu, car c'est vous la cause en payant trop peu le travail de la femme; c'est vous qui ne lui laissez pour alternative que la misère ou la prostitution.

Reste donc à étudier les causes de la cherté de la vie : d'abord le Gouvernement cher, à gros budget et à grosse dette toujours croissants. En dix ans, le budget de l'État s'est accru de six cents millions, la dette consolidée de trois milliards, la dette flottante et exigible, le découvert de trois cents millions et s'élève à un milliard. Les ressources de l'amortissement et les dépôts tout a été absorbé. Le budget et la dette de la ville de Paris ont quadruplé. Les principales causes des gros et obérés budgets, sont l'armée et la guerre, l'exagération des travaux publics, les dépôts à intérêts et le servage et banquisme d'État. Pendant les dix-huit ans du Gouvernement parlementaire de Juillet, la dette publique n'avait été accrue que de quinze millions et cependant de grands travaux publics avaient été exécutés et l'amortissement avait continuellement fonctionné. Une situation financière aussi obérée et un tel système forcent nécessairement d'augmenter les contributions et les impôts et d'en mettre sur tout; alors le propriétaire, qui vivait avec deux mille francs, voyant ses contributions et ses charges augmentées et le prix de la vie arrivé à un minimum de 3600 francs ne peut plus y suffire qu'en augmentant ses loyers de 1600 francs. S'il fait construire, les terrains lui coûtent dix fois plus cher qu'il y a dix ans, les matériaux plus rares et frappés de droits plus élevés lui reviennent un tiers plus cher et tout en ne plaçant son argent qu'à un revenu net de 7 p. %, il ne peut avoir que des locations chères.

On détruit et on construit beaucoup et même beaucoup trop; au lieu de se borner à assainir les quartiers insalubres et à dégager les monuments par un square, on abat à tort et à travers des quartiers même neufs, des maisons à peine bâties; tous ces travaux de luxe absorbent des sommes énormes et improductives: d'après le rapport même du Préfet, 300 millions payés en indemnités aux propriétaires et aux locataires n'ont produit de revente de terrain que cent millions; il y a donc eu 200 millions de perdus. On détruit les logements de trois cents francs et on les remplace par des appartements de trois mille francs; on ne construit que des palais. Comme le nombre des riches est limité, leurs loyers à eux baissent par la concurrence que sont obligés de se faire les propriétaires; mais ceux des petits bourgeois et des ouvriers manquant parce que ce sont eux qu'on démolit et qu'on ne reconstruit pas, ceux-là haussent. Le loyer bourgeois autrefois de 300 francs est aujourd'hui à 600; la boutique de 1000 francs est à 3000; la chambre d'ouvrier de 100 francs est à 200. Le propriétaire augmentant le loyer du fermier et du marchand, ceux-ci se rattrapent en augmentant le prix des objets de consommation; puis la production agricole n'est plus en rapport avec la consommation et cela tient beaucoup à la dépopulation des campagnes causée par l'attraction de tous ces travaux des villes qui étant mieux rétribués et exécutés dans des centres de jouissances plus multipliées que celles de la rude et simple vie des champs, portent les paysans à quitter la charrue pour la pelle de terrassier; seulement eux et la société finissent par s'en trouver mal.

La cherté de la vie a donc trois grandes causes: 1° Le Gouvernement cher, à gros budget et à grosse dette; le socialisme par l'État, le servage et banquisme d'État; l'État faisant de tout, se mêlant de tout et subventionnant tout, partant forcé de renchérir tout. 2° L'impulsion sociale dans le luxe, les besoins factices et le matérialisme. 3° Le manque d'une organisation libre du travail et des professions dans les éléments qui peuvent contribuer à la vie à bon marché.

Le mérite d'un auteur qui veut être utile et celui que je m'efforce d'avoir, c'est de poser les questions dans le vrai, de les traiter avec franchise et avec la gravité et la modération du langage.

L'anéantissement du sentiment du devoir et de la fraternité par le servage d'État se révéla tristement par l'avortement de la souscription française à l'occasion de la détresse des cinq cent mille ouvriers français de l'industrie cotonnière et sans ouvrage, et alors que la libre Angleterre sans servage d'État produisait en un mois à ses ouvriers une souscription de vingt cinq millions. Les Gouvernements ont porté et habitué le français à ne plus avoir d'initiative et à laisser tout faire à l'État; mais quand ils ont besoin de lui, ils ne le trouvent plus. Le mot de la convention était sublime parce qu'il était sincère : périssent les colonies plutôt qu'un principe; mais les Américains du nord estimant aussi peu et traitant aussi mal les noirs que les Américains du sud, on ne saurait trop réprouver la guerre insensée, fratricide et ruineuse des Etats-Unis, nom devenu une antiphrase puisque ce sont les Etats désunis, mais moyen terrible que semble employer Dieu, pour ramener à de justes proportions en le divisant en deux un État qui eût été beaucoup trop grand quand il eût été peuplé en raison de son territoire.

La France ne sort plus de la guerre; la guerre chaque année, la guerre partout; chaque partie du monde y passe. La plupart des Gouvernements reposent sur le système des armées nombreuses et permanentes, étudions-en dans la statistique le résultat. Ce que les Gouvernements appellent la paix armée est un système qui force à caserner trois millions d'hommes consommant sans produire, coûtant chaque année plus de cinq milliards, les 5/7 des recettes de tous les États réunis et représentant une perte de travail de 730 millions de francs, immobilisant et stérilisant des propriétés mobilières et immobilières évaluées à plus de 48 milliards, système qui pour les seules dépenses militaires a grevé les États Européens d'une dette de quarante milliards nécessitant un intérêt annuel de deux milliards, système qui enlève le travailleur à son industrie, à sa vocation, à sa famille, à ses habitudes vertueuses et laborieuses, système qui est une cause de guerre et qui fait des peuples des ennemis et des Gouvernements des oppresseurs. Si l'on avait employé cet argent à éclairer les peuples, à aider leur bien être, leur instruction et leur fraternité, l'humanité serait aussi loin en avant qu'elle est loin en arrière. Voilà encore une question d'une extrême gravité et sur laquelle il me paraît utile d'appeler l'attention et l'étude.

Heureusement pour mon petit avoir, je n'eus pas la naïveté de donner dans la soulte. Un titre de rente de 450 fr. 4 1/2 ne pouvait pas être remplacé par un titre égal 3 p. 0/0, puisqu'on prélevait dessus une soulte de 600 fr. ou 30 fr. de rentes ; le nouveau titre, le nouveau revenu n'est donc plus que de 420 fr. Le principal et le positif pour le rentier, c'est la quotité non d'un capital variable et incertain, mais du revenu. Des députés et des journaux trouvèrent peu moral que le gouvernement vînt dire aux rentiers : « Jouons à la Bourse ; je vous vends du 3 à 71 ; donnez-moi une soulte, et je vous la ferai plus que rattraper, en faisant monter le 3 à 80 et même à 100. » C'était encore là une fausse illusion, car le 3 est, au contraire, resté à 68 pendant un temps assez long, de façon que les petits rentiers qui ont été forcés de vendre ont perdu tout à la fois sur leur revenu et sur leur capital. De plus, cette soulte, cet expédient d'un jour, doit obérer plus tard l'État de deux milliards, s'il veut rembourser sa dette convertie. Les porteurs des obligations trentenaires qui les avaient prises pour la prime furent privés de celle-ci et de leur contrat de trente ans par la conversion à la soulte, et que ceux qui perdaient appelaient la banqueroute à la soulte. On se venge ordinairement par une épigramme ou par une chanson, et l'on fait bien le plus souvent de s'en tenir là, à la condition toutefois que la leçon profitera.

CHAPITRE XVI

LE SORT DES FEMMES

L'égalité absolue des femmes est une question agitée dans le vide par ses partisans et par ses adversaires parce qu'elle a encore été posée dans le faux. Les deux questions sont précisément celles qu'on a le moins traitées ; 1° quelles sont les deux différences forcées de l'homme et de la femme, et quelles en sont et doivent être les conséquences dans l'intérêt du bonheur de la famille et de l'ordre social ? quelles sont les inégalités injustes ?

La différence caractéristique de l'homme et de la femme, c'est que celle-ci est sujette chaque mois à une indisposition de quelques jours et est appelée à être mère, c'est-à-dire à être dans un état demi-maladif pendant les neuf mois de sa grossesse, puis à allaiter, soigner et élever ses enfants. La seconde différence, c'est que la mauvaise conduite de la femme a pour la famille des suites beaucoup plus graves que celle de l'homme, puisque le mal produit par l'homme peut rester ignoré et étranger à la famille, tandis que la jeune fille ou la mère qui se conduisent mal en portent dans la famille les effets déshonorants et désastreux, une tristesse, une discorde et une honte de tous les jours.

Les conséquences de ces deux différences sont donc que la place de la femme indiquée par la nature et par l'intérêt général est dans la famille, et que d'ailleurs c'est elle des deux époux qui a l'aptitude la plus naturelle pour les soins des enfants et du ménage. Il faut bien que l'un des deux époux se charge des soins domestiques; lequel des deux y est le plus naturellement appelé et le plus apte? voilà toute la question. Puis ses indispositions de femme et de mère lui interdisent la régularité de travail et d'études qu'exigent la plupart des emplois; enfin les relations du dehors et la vie mêlée aux hommes étant les principales causes et occasions de son immoralité, la femme ne doit avoir qu'un travail du dedans et des occupations compatibles avec ses devoirs de famille.

Dans les emplois du Gouvernement, la femme ne peut donc guère avoir qu'un bureau de timbre ou de poste et les autres rares fonctions analogues qui la laissent dans la famille. Dans l'enseignement, elle peut être institutrice ou professeur au dedans, mais non professeur au dehors. Dans la carrière ouvrière elle est apte aux travaux à l'aiguille et à tous les autres qui peuvent se faire au dedans; mais elle doit s'abstenir d'aller travailler dans les ateliers, surtout pêle-mêle avec des hommes. Enfin dans la carrière commerciale, les emplois, et c'est le plus grand nombre, qui exigent la régularité du travail, les fatigues du détail et la vie à courses du dehors, ne conviennent qu'à l'homme. Les comptoirs peuvent être occupés par des femmes, mais ne devraient l'être que par des femmes âgées.

Quelles sont les trois inégalités injustes? d'abord l'inégalité devant l'éducation. La femme est ignorante et futile, sans culture suffisante d'esprit, ne peut se conduire ni faire ses affaires par elle-même; elle se livre à des gens qui l'exploitent, se fait la propagandiste des préjugés, l'instrument de la corruption et l'obstacle aux velléités de dévouement et de dignité que pourraient avoir les hommes de la famille; elle ne peut être la première institutrice de ses enfants et n'a pas une éducation en harmonie avec celle de l'homme, ce qui met le désaccord entre les époux et porte l'homme à délaisser une compagne qui ne le comprend pas; elle a des goûts de luxe et de coquetterie qui mettent la gêne dans le ménage et entraînent l'homme et la femme à chercher des moyens souvent coupables d'y satisfaire. Le remède est dans la réforme et dans le développement harmonique de l'éducation des femmes.

Secondement, l'inégalité devant le salaire. L'égalité veut qu'il soit le même, à travail égal, pour la femme que pour l'homme, qu'elle [illegible] le minimum d'un homme de peine, 5 ou 6 sous l'heure, et [illegible] sociale qu'une femme ne puisse pas exister et élever sa famille par elle-même, qu'elle ne puisse pas gagner le nécessaire et soit réduite à l'alternative de la misère ou de la prostitution.

Troisièmement, l'inégalité devant le code pénal et devant le code civil quand elle devient chef de famille. Puisque la vie du dedans est la place de la femme, c'est donc à l'homme qu'incombe la vie du dehors, des fonctions et du gagne-pain, c'est-à-dire aussi la responsabilité de l'existence de la famille ; comme il est le plus fort, c'est aussi à lui qu'échoit le devoir de la protection ; mais ces deux devoirs eux-mêmes le constituent naturellement chef de famille ; ce n'est point une usurpation de sa part, c'est la nature et l'intérêt mutuel qui le reconnaissent comme tel ; dans toute administration d'intérêts en commun il faut un directeur, un chef. S'il a la responsabilité de l'existence de la famille, et si c'est lui qui gagne la vie des autres, il est naturel et juste qu'il ait la gestion des revenus qu'il produit et qu'on ne puisse pas en disposer sans son consentement. Seulement tous les mariages devraient se faire sous le régime dotal, afin que si la femme apporte un capital, il ne puisse pas être gaspillé par le mari. Quand la femme, comme veuve ou sœur aînée, devient le chef de la famille, la loi doit lui donner tous les droits qu'avait l'homme, de même le code pénal doit être égal pour les fautes des deux époux.

Ainsi égalité devant l'éducation, égalité devant le salaire, mais non devant les emplois, égalité devant le code pénal et devant le code civil quand elle devient chef de famille. Les quatre souffrances du sort de la femme sont donc : l'ignorance, le travail au dehors, l'insuffisance du gain et l'injustice de quelques inégalités légales. Quand on veut réformer et améliorer, on doit commencer par bien préciser le mal, par formuler nettement les buts et alors on peut marcher et on sait où l'on va. La vie est une trinité ; elle est corps, esprit et cœur ; l'amélioration humanitaire doit donc satisfaire à trois besoins, doit donc être sociale, intellectuelle et morale. Ce n'est qu'une infime minorité des femmes qui réclame l'égalité absolue et c'est l'instinct même de leur bonheur qui fait que la grande majorité n'en veut pas et préfère la non-responsabilité à la responsabilité, la vie de famille à la vie des emplois et du dehors. J'ai lu ce travail à plusieurs femmes, et toutes ont été de cette opinion ; j'ai voulu n'être que l'organe des intéressées elles-mêmes.

CHAPITRE XVII

Le 9 décembre 1869 !!! jour à jamais néfaste ! mort de ma vieille mère !... sans doute, quatre-vingt-deux ans et demi... Mais elle nous aimait tant, et nous avions tellement pris l'habitude de vivre de sa vie, de nous occuper d'elle, de nous trouver heureux des petits bonheurs que nous lui procurions! O ma mère! depuis ta route octogénaire, je pleurais chaque nuit en pensant qu'il faudrait bientôt te perdre pour toujours; je m'éveillais au moindre cri de ta souffrance, j'étais inquiet quand mes occupations me retenaient loin de toi, et aujourd'hui encore je pense à toi sans cesse, je te pleure souvent, je te cherche, je crois t'entendre, et tu es pour nous un vide de chaque jour, de chaque instant. S'il est un ciel, tu dois y être, toi type austère et presque perdu de la probité et du dévoûment. O mes morts! du haut du ciel, priez pour nous, veillez sur nous, soyez encore notre Providence!... Quel premier de l'an encore!... O mon Dieu, que tu m'éprouves!

Du jour où mes filles atteignirent l'âge de la vie du monde, et furent sans surveillance et sans tutelle, moi toute la journée au dehors, ma mère devenue trop âgée... je n'eus plus de repos, plus de bonheur, plus de jours sans angoises, plus de nuits sans larmes. Un jour j'apprenais que des personnes dans lesquelles je devais avoir confiance pour leur donner de bons conseils leur en donnaient de mauvais: une les plaignait d'être obligées de vivre avec ma vieille mère et de la soigner; une autre de ne pas avoir de robes de soie et plus de plaisirs mondains; on leur donnait à entendre que c'était lésinerie de ma part ou même que je les privais probablement parce que je jetais mon argent à des maîtresses, moi qui avais renoncé à tout pour mes filles et qui ne m'absentais pas un seul soir; on les portait à l'ingratitude et au mal; on cherchait à briser leur union en leur inspirant une jalousie mutuelle; heureusement elle s'est toujours maintenue et beaucoup parce que je n'ai jamais eu de préférences; tout ce que je faisais pour l'une je le faisais pour l'autre. Des mariages se présentèrent... toutes les apparences semblaient favorables; mais en allant au fond des choses je découvrais qu'il y avait ou des vices ou des embarras d'argent avec une arrière-pensée de m'exploiter; en un mot que ce qu'il y aurait de plus heureux, ce serait de rompre... mais ces mariages manqués laissent toujours des traces fâcheuses; les jeunes filles ne consultent pas ordinairement leur père el se laissent aller tout au moins à des apparences compromettantes. Trop heureux encore les parents quand il n'y a que les apparences!

Dans les nombreuses années qui se sont écoulées depuis le moment où je suis devenu père, j'ai trouvé bien des occasions d'avoir des maîtresses ou de faire des mariages avantageux. J'ai assez aimé mes enfants pour y renoncer, pour résister et pour m'absorber dans mon dévouement pour eux et dans mon œuvre. J'ai été le père nourricier de mes deux filles, je les ai gardées près de moi, j'ai fait par moi-même leur instruction en me bornant à les conduire dans une institution de demoiselles les jours et aux heures de ma leçon; je leur ai sacrifié mes passions et beaucoup des bonheurs que j'aurais pu avoir, des plaisirs que j'aurais pu prendre; mon amour de l'étude m'a aidé et leur a profité. J'ai passé ma vie à lutter pour elles, à les arracher au mal auquel les entraînait le monde, à pleurer sur leurs torts, à leur pardonner, à vivre dans une anxiété continuelle que le monde ne fût plus fort que moi, dans la crainte d'un triste avenir pour nous tous, dans la crainte même qu'elles n'eussent pour moi ni amour ni reconnaissance, ni même justice. Aussi quand dans un jour de tristesse, une de mes filles m'a écrit: je m'aperçois que c'est toi mon meilleur ami; malgré nos torts tu ne nous as jamais fait défaut; malgré tes moments de gêne tu ne nous as jamais laissées manquer du nécessaire et les vingt-cinq ans passés avec toi ont été pour moi une vie presque sans larmes... Quand ma fille m'a écrit cela, elle m'a fait du bien et donné une espérance, un soutien dans ma lutte. Oh oui! ma conscience me dit que j'ai été un bon père, car j'ai souffert en père! je le répète, presque tous les pères que je connais et moi nous avons été les victimes de la société et de l'éducation actuelles; voilà pourquoi j'ai cherché un autre système d'éducation et une autre organisation qui puissent du moins profiter à ceux qui viendront après moi.

Comme presque tous les pères, j'ai eu de grandes tristesses, et Dieu m'a soumis à de cruelles épreuves et à une lutte douloureuse de tous les jours contre les mauvais conseils et entraînements du monde; il a rendu amer mon dévoûment, mais ne l'a pas laissé stérile, puisque j'ai pu donner à mes enfants quatre qualités peu communes dans les familles : Mes filles ont eu soin de ma mère, et ont réglé leur vie sur celle d'une femme âgée; elles ont des goûts simples, et savent se passer de toilettes luxueuses, et, s'il le faut, de plaisirs du monde. Elles ont l'habitude du travail, et savent tout faire par elles-mêmes dans leur toilette. Enfin, elles ont toujours été très-unies, union assez rare entre deux sœurs. Telle est la puissance de la nature que, bien qu'élevées dans le même centre, avec la même éducation et le même amour, elles sont toutes différentes. L'aînée est douce, mais indolente et faible de caractère, d'une intelligence facile, cultivée et portée aux choses de l'esprit. La jeune, au contraire, est énergique, soigneuse, travailleuse, mais entière, d'une intelligence suffisante et douée d'une certaine instruction, mais moins portée aux choses de l'esprit. Elle a beaucoup des qualités pour faire une bonne femme de ménage et pour vivre dans le bien. O mes filles! méritez la bénédiction de Dieu et celle de votre père : cela seul porte bonheur.

Le principal est de se connaître et de dompter ses mauvaises tendances; autrement, avec de très-bonnes qualités, on tourne à mal, et l'on fait le malheur des autres et son malheur à soi-même. O mes filles! quand vous voyez des enfants ingrats et mauvais cœurs, traiter avec indifférence et dureté leur père et leur mère, les laisser manquer de soins, leur parler avec maussaderie ou insolence, les délaisser, les faire pleurer et rougir, vous les condamnez avec indignation et justice, vous plaignez ce pauvre père et cette pauvre mère, vous pensez combien vous souffririez si vos enfants vous traitaient avec cette ingrate dureté; oh oui! pensez-y, et mêlez à cette pensée celle de votre père, pour lui épargner un sort aussi cruel, veillez beaucoup sur vous-mêmes pour ne pas être de mauvais cœurs.

Marie, ma fille aînée, est mariée et vit complètement absorbée dans son ménage, sans donner lieu à aucun reproche autre que ses petits péchés d'indolence. Oh! comme un père aime à se reposer un instant sur le bien qu'il trouve à dire de ses filles! Mon gendre est le fils d'un avocat du Midi, auquel ses concitoyens ont donné, dans des circonstances difficiles, des marques d'estime et de confiance. Félix est un homme de trente ans, capable, énergique et rangé. La vie de famille ne pourra que modifier le caractère que la nature lui a fait trop personnel et trop irascible. Un emploi avantageux qu'on lui avait promis lui fit défaut par une circonstance imprévue; il s'imagina qu'avec son intelligence, sa capacité et sa conduite il trouverait dix emplois pour un. Je lui dis que non, et j'eus malheureusement raison. J'ai eu à ma charge, plusieurs mois, leur ménage, puis il a fallu m'imposer un nouveau sacrifice d'argent très-onéreux dans le but de l'aider à se procurer un emploi; mais ma fatalité persistante a voulu que je perdisse encore cet argent sans qu'il eût contribué à ce résultat. Enfin, qu'ils souffrent moins et que je souffre plus! N'aurais-je qu'une mansarde et des pommes de terre, je les partagerais avec eux. Cette situation pénible, jointe à nos imperfections de caractère, nous ont causé par moments des heures bien douloureuses; mais l'union, habitude pour mes deux filles et moi, et les concessions de chacun, ont surmonté les orages, et j'aime à nous voir tous chaque jour à ma table réunis et unis. J'écris ceci d'abord pour ceux qui se marient sans avoir une position qui assure le présent et l'avenir de leur famille, et qui s'imaginent qu'avec de la capacité et de la conduite ils trouveront dix emplois pour un, partant, qui exposent leur famille à de bien grandes tristesses; puis pour ceux qui prétendent qu'il n'y a que les mauvais sujets et les incapables qui ne trouvent pas et qui ne vivent pas dans le bien-être.

Attendez, le malheur ne compte pas avec moi... Cette année 1863, ma jeune fille m'a été demandée deux fois en mariage, et ces deux mariages ont été manqués, le premier par une circonstance imprévue, survenue dans la famille du jeune homme; le second, en découvrant que ce fiancé, qui jusqu'alors avait joui d'une bonne réputation, ne la méritait plus. Le mariage allait se faire dans le mois; il a fallu rompre, et cet homme m'a fait perdre une somme encore lourde pour mon petit avoir, et ce nouveau malheur a aggravé encore l'avenir de ma vieillesse. O mon Eulalie ! voilà les autres, voilà on père. Enfants, dans vos tourmentes, quel fut votre seul ami fidèle ? que deviendriez-vous sans lui ?

Le temps de cocagne des femmes est celui de jeunes filles dans une famille qui les aime ; mais il est nécessaire pour leur moralité qu'elles se marient. Un troisième mariage se présente : ma fille m'est demandée par un employé, fils d'un petit propriétaire. Il nous tromperait bien tous s'il cessait d'être un bon et honnête garçon. Les nouveaux sacrifices qui vont m'être imposés achèveront de compromettre mon avenir, car, qu'on ne se fasse pas illusion : les charges restent à peu près les mêmes ; quand il y a pour un, il y a pour deux : le loyer, la nourriture, l'éclairage, le chauffage, toutes les grosses charges ne diminuent pas ; il n'y a qu'un léger allègement sur la toilette et le blanchissage. J'aime à penser que mes filles n'auront point à souffrir par leurs nouvelles familles ; mais s'il en était autrement, elles n'auraient du moins pas le droit de me dire que c'est par ma faute, pour m'être opposé à leur mariage, pour avoir refusé de leur sacrifier l'abri de ma vieillesse. Et je dis encore ceci pour une autre raison : si ma vie doit avoir une vieillesse et une fin tristes, mon honneur et la vérité sont intéressés à ce qu'on ne dise pas que c'est par la faute de mes vices. Le monde est toujours porté à accuser les malheureux.

Quand je sacrifiai à mes convictions ma carrière lucrative, mes leçons et ma vente de livres dans les pensions, je fus forcé de vendre mes biens de campagne, et pour augmenter mon revenu, je plaçai cet argent en rentes sur l'Etat et en obligations de chemins de fer. Ce furent mes fermiers eux-mêmes qui se rendirent mes acquéreurs, ce qui prouve combien la Révolution a mis de bien-être dans le sort du serf de l'ancien régime, puis combien ces paysans bretons ont une aisance supérieure aux apparences ; ils sont au nombre des paysans riches de la France, et une autre preuve encore, c'est qu'à l'époque du remboursement des écus de six livres, le gouvernement n'eut pas assez de nouvelle monnaie pour faire en Bretagne cet échange dans l'année. Les revenus de mes fermes auraient été complétement insuffisants pour faire vivre ma famille. Je vieillis, les leçons particulières sont très-précaires, et je ne pourrais pas me résigner à vivre en faisant des dettes. Les socialistes qui veulent supprimer l'héritage et la rente sont des insensés. Quelle ressource aurait-on quand le travail manque et quand la vieillesse vient, il faudrait aller tendre la main à l'assistance publique et privée ; n'est-il pas plus digne de vivre par soi-même ? et comment le budget de l'Etat pourrait-il suffire à assister tous ceux qui n'auraient pas le nécessaire ?

Je croyais avoir, du moins, assuré le pain de ma vieillesse, et j'espérais pouvoir laisser quelque chose à mes deux filles et à mon troisième enfant, à mon ouvrage. Une seule année a suffi par les sacrifices et les pertes qu'on m'a fait subir, pour me jeter dans la cruelle position de manger chaque mois une partie du capital qui me reste, d'être obligé chaque trimestre de vendre des rentes. Cette pensée, qu'à moins d'un bonheur imprévu, je serai sans abri dans ma vieillesse et que je ne laisserai rien à mes enfants et à mon œuvre, me navre. Depuis six ans, le malheur ne m'a pas laissé un mois de répit, et c'est à croire à la fatalité, car on a beau faire pour éviter les coups qui vous menacent, c'est en vain. Pourtant j'aime mieux continuer à croire en Dieu, et sur l'immortalité je vis et mourrai parfaitement tranquille, car s'il y a un ciel, c'est bien le moins qu'il soit pour ceux qui, sur la terre, ont souffert pour le bien.

D'un autre côté ce que je souffre pour mes convictions et pour mon œuvre, et dont je donnerai un triste échantillon dans le chapitre suivant, tout cela me compose une existence douloureuse. Le jour, je tâche d'occuper mon esprit par mon ouvrage, mes leçons, ma propagande et quelques heures passées à l'étude dans une bibliothèque, un cours ou un tribunal. Souvent mes préoccupations et mes anxiétés sont tellement fortes, que je ne puis les dompter, que je n'ai la tête à rien et que je tombe dans un anéantissement ou en proie à une fièvre nerveuse. Une contrariété un peu vive, le mal qu'on me fait injustement, les déboires dont on encombre ma carrière, mes tristesses de famille, la vue d'une souffrance ; ce qui rappelle mes chagrins ou la pensée de l'avenir de ma vieillesse, de mes enfants et de mon œuvre m'agite ou m'abat, et met souvent dans mes nuits peu de sommeil et beaucoup de larmes. S'il ne s'agissait que de dire : je travaillerai et je vivrai de peu. Mais tout travail n'est pas possible pour le vieillard, et la vie, même de peu, est difficile à gagner par le temps qui court. Le premier besoin, la première condition de bonheur du vieillard, c'est le calme, le calme physique et moral, en ayant une santé sans grave altération et à infirmités supportables ; un sort à l'abri de la gêne ; le calme de la conscience d'une vie pure et en n'ayant pas de souffrances morales de famille. Une souffrance sans espoir et de tous les jours est quelque chose de trop affreux. Froissé dans tout, dans mes idées et sentiments, souvent dans mes affections et dans mon amour propre, dans mes intérêts et mon avenir, dans mes espérances professionnelles et privées, quelle existence ! Si j'ai des découragements et de l'abattement, ceux qui souffrent les comprendront, et il faut même que j'aie trempé assez courageusement mon cœur pour avoir pu continuer une lutte de tant d'années et de tous les jours.

Dans le monde je fais un effort sur moi-même, et je pèse sur mes chagrins; je n'ai pas le droit de les lui imposer, et chacun, dans ses relations sociales, doit être aimable. Quand je parle de mon œuvre, je me transfigure et redeviens moi-même; mais ce n'est là qu'un galvanisme momentané, puis je retombe dans mes souffrances. Phénomène physiologique singulier, je souris, mais je ne puis plus rire. Mes chagrins et mon tempérament nerveux et sanguin m'ont donné une maladie nerveuse et une infirmité toujours gênante et souvent douloureuse. Bien d'autres qui l'ont gardent souvent la chambre; moi je vais toujours, et je serais encore plus malheureux si je manquais de la seule chose qui me distrait, l'occupation de mon œuvre. Un hiver, je m'étais jeté, en descendant d'un omnibus, sur le brancard d'une voiture à bras. J'eus une affection douloureuse et longue qui m'avait fait tellement maigrir, que tout le monde croyait que je mourrais. Je ne m'alitai pas, je ne fis aucun remède, je m'en tins à la médecine de la nature et je ne manquai aucune leçon, aucune occupation; je ne pouvais pas marcher, je me faisais porter en voiture; je souffrais pendant toute ma leçon, mais je la donnais, je n'en privais pas mes élèves. Peu à peu le mal se guérit, et la nature se remit. Voilà mes genres d'énergie. Ma vie se passe à être jeté aujourd'hui par terre et à me relever demain. Je suis très-affaibli, mais je ne suis pas brisé, et je lutterai pour ma famille et pour mon œuvre.

Un mois ils furent tous absents et ils eurent un moment l'idée de s'établir à Montpellier, ville de la famille de mon gendre. Quand je passais par la maison de ma fille aînée, quand j'entrais dans la chambre de ma jeune fille, mes yeux se remplissaient de larmes; je touchais mon cœur, et chaque battement disait : revenez.

Et toi, mon petit Paul, enfant dont je suis tout à la fois le bon papa et le parrain, je n'oublierai pas que ces deux mots signifient patron, et tu trouveras toujours mon aile et mon cœur. Mais toi, si tu allais pour faire de la peine à celui qui a mérité que tu l'appelasses ton bon papa Gâtiau, enfant, arrête-toi et dis-toi : il a assez souffert !

O mes enfants! s'il faut sacrifier tout l'argent qui devait être votre petit héritage, puisse du moins la biographie de votre père être pour vous un héritage d'honneur et le titre de vraie noblesse de votre nom !

CHAPITRE XVIII.

J'ai un petit groupe à moi, un public sympathique, celui des gens de cœur et d'intelligence; mais ce n'est là qu'un bien petit groupe humain, et j'ai nécessairement contre moi les ennemis de la dignité, de la vérité et de l'instruction, groupe nombreux et puissant. Voilà mes amis et mes ennemis, parce que je suis une idée.

En septembre 1857, une solennité eut lieu au grand amphithéâtre de l'Ecole de médecine. Je produisis mes élèves d'un simple externat de demoiselles. Je ne cachai aucune élève, et l'on tira pour chacune les questions au sort; on constata que toute la classe marchait, répondait sans hésitation, et avait appris dans un an ce qu'on n'apprend pas ailleurs dans plusieurs années. Quatre ou cinq élèves au plus furent faibles. Je produisis même vingt-cinq petites filles de cinq à sept ans, qui répondirent sans hésitation à plus de trois cents questions tirées au sort. A la fin de la séance, le public m'entoura en m'exprimant son étonnement d'un résultat si peu ordinaire; plusieurs instituteurs et institutrices me demandèrent ma méthode; mais ce succès et ce retentissement surexcitèrent les jalousies et les haines, et mes ennemis se souvinrent qu'auprès du Capitole était la roche Tarpéienne. Ma vie a été un martyre continuel, et cette année 1857, déjà traversée pour moi par un orage auquel je n'ai survécu qu'à force de résignation et de courage, se termina par un désastre.

L'heure n'est pas venue de mettre entre les mains des élèves mes grands ouvrages ou des résumés avec la philosophie de l'histoire et des autres études; pour ne priver personne de la facilité de mes moyens d'enseignement, dans mes résumés même d'histoire, et mes résumés sont les seuls ouvrages que les élèves des pensions aient entre les mains, je me borne à une exposition des faits avec une simple observation morale, sans discussions philosophiques, mais aussi sans réticences de complaisance, sans indulgence de flatteur, sans compositions de conscience. La morale, c'est de dire la vérité, de dire le mal, mais en le flétrissant et en en donnant l'indignation; l'immoralité, c'est de l'encourager par une excuse de flatteur ou un silence de complaisant sans conscience; celui qui s'aperçoit qu'il a été trompé sur un point, en vient souvent à ne plus croire à rien; celui qu'on habitue à des compositions de conscience pour les autres, en use à plus forte raison pour lui-même.

Un système d'éducation par l'indifférence des principes de dignité, par les compositions de conscience et par le faux, produit une jeunesse sans principes dignes ni sentiments dévoués, ni préoccupations sérieuses, une jeunesse ne parlant et ne s'occupant que des moyens de jouir et de s'enrichir, de jeux de bourse et de cartes, de vie d'estaminet et de lorettes, sacrifiant sa famille à ses passions, une jeunesse à cœur atrophié et à esprit faussé. Je le répète, celui qu'on habitue à des compositions de conscience pour les autres, apprend à en avoir pour lui-même; celui qu'on a trompé finit par le savoir et en vient souvent à ne plus croire à rien et même à perdre tout lien moral. Voilà pourquoi j'ai cru devoir établir mon système d'éducation sur la dignité et sur la vérité. Certes, je suis soutenu et encouragé dans ma lutte douloureuse de tous les jours par ceux qui me disent : « Je vous dois la petite instruction que j'ai, » mais aussi par ceux qui me disent : « Vos ouvrages m'ont donné des idées de devoir et des sentiments de dignité que je n'avais pas auparavant. » En fait d'opinion, la bonne pour l'un sera toujours la mauvaise pour l'autre ; mais jeter à celui qui ne pense pas comme vous l'injure, la calomnie et le bâillon, c'est prouver qu'on sent ne pas avoir pour soi la vérité. Un système d'éducation qui produit une jeunesse comme celle d'aujourd'hui donne le droit de penser qu'on pourrait trouver mieux, et doit, au moins, permettre qu'on cherche, qu'on essaye, qu'on pose autre chose à côté de lui ; s'il a réellement la supériorité, elle ne peut être constatée que par la comparaison, et ne doit pas la craindre ; ayez votre liberté, mais n'attentez pas à celle des autres ; tolérez pour qu'on vous tolère.

Les études philosophiques et historiques ont été bien nommées Humanités, parce qu'elles ont pour but de faire des hommes. Ce fut donc une mauvaise idée que la bifurcation des études et la suppression du cours de philosophie : la preuve, c'est qu'on vient d'y renoncer après un essai malheureux, mais dont on subit les conséquences. Les colléges et les institutions secondaires laïques forcées de suivre l'enseignement universitaire perdirent leurs élèves au profit du clergé qui, lui, eut l'habileté de ne pas bifurquer. Les études universitaires sont tellement tombées depuis dix ans, que les journaux ont révélé que sur huit cents candidats au baccalauréat, il n'y en avait que la moitié admis au concours oral, et que sur les quatre cents il n'y en avait qu'un de reçu avec la note Bien. La décadence de l'instruction n'est que secondairement le fait de la bifurcation ; les autres et principales causes, je crois les avoir assez indiquées ; mais c'est là un mal très-grave sur lequel on doit appeler l'attention, afin que chacun y mette du sien pour l'empêcher de se continuer et de s'accroître.

Il faut pardonner, a écrit Carnot, les répétitions à ceux qui proposent des idées nouvelles, car l'expérience prouve qu'elles ne produisent aucun effet, et s'évaporent entièrement si on ne les présente sous toutes les faces, et si le lecteur n'en est pour ainsi dire fatigué.

Je combats le mal partout où je le rencontre; plus il est haut placé, plus il est coupable, car plus il a d'influence ; plus fort donc je dois frapper. Mais jamais mes ouvrages n'ont causé aucun désordre ; ils reposent tous sur des idées de devoir, de dignité, d'ordre, de justice et de conciliation. Quelles que soient les discussions auxquelles je me livre, elles aboutissent toujours à une conclusion morale. Je ne fais dans mes cours ni théologie ni politique : je fais de l'instruction et de la morale. Moi donner des idées de désordre ! j'en appelle à mes six ou sept mille élèves... la preuve, c'est que loin de me quitter comme professeur, parents, élèves, instituteurs et institutrices ont toujours tenu à moi, ne m'ont jamais donné que des témoignages d'estime et d'affection. J'ai dirigé pendant vingt ans les études d'une institution de garçons où j'allais trois fois par semaine, et je n'ai quitté cette pension que quand l'instituteur l'a vendue. Je suis heureux d'avoir contribué au succès de cet établissement et à l'aisance de ce chef d'institution, parce que c'est un homme honorable et qui m'a toujours traité avec amitié. Si j'ai toujours eu pendant vingt ans les mêmes modestes appointements, c'est que probablement le sentiment exagéré de ma dignité m'empêche toujours de rien demander. Le nouveau venu voulut tout bouleverser et crut faire une bonne spéculation en me sacrifiant à mes ennemis, et s'imagina que ceux-ci lui procureraient des élèves. Je perdis cette pension et le nouveau venu beaucoup d'élèves, puis au bout de six mois...

Il ne fit que passer et n'était déjà plus.

Je viens de recevoir la visite de la mère de trois de mes anciens élèves, mère cruellement éprouvée : elle a perdu son mari, sa fille aînée, et a sa jeune fille idiote à la Salpétrière. L'autre jour, elle rencontra au parloir de l'hospice une amie de pension de sa fille, jeune mère, et autrefois elève d'une grande intelligence, aujourd'hui devenue, elle aussi, idiote. Madame P*** parla à la pauvre Emma de ses anciennes amies de pension, lui demanda si elle se les rappelait, lui en nomma plusieurs... insensibilité et mutisme complets. — Comment, Emma, tu ne te rappelles pas non plus ton ancien professeur, M. Paul Buessard ? — Mon professeur !... M. Paul Buessard !... Oh si !... Et mon souvenir fut le seul qui remua une fibre dans l'esprit de la pauvre idiote, et qui lui rendit un moment la raison et la sensibilité... émotion touchante et triste pour moi... L'amitié et l'estime des élèves ne se donnent pas facilement ; quand on l'a, c'est qu'on la mérite.

Ma vie a été un dévouement de chaque jour à l'ordre, à la justice et à la conciliation ; mais je veux la dignité et non l'annihilation ; mais je veux la vérité et non le mensonge. Tous les mois je reçois des témoignages du bien intellectuel et moral produit par mes ouvrages ; y a-t-il beaucoup d'auteurs et de mes calomniateurs qui aient autant de témoignages à montrer ? vous qui le prenez de si haut avec moi, de quel droit ? qui êtes-vous ? qu'avez-vous fait ? où sont vos titres de dévouement et d'œuvres utiles qui dépassent les miens ? où est votre biographie à opposer à la mienne ? au lieu de passer votre temps à me dénigrer et à me calomnier, employez-le à faire ce que je fais, et la société s'en trouvera beaucoup mieux. Et encore s'il n'y avait là qu'une question d'infériorité, mais la plupart de ces gens, si je disais ce qu'ils sont et ce qu'ils font.

Plutôt que d'écrire contre ma conscience, de taire la vérité et de composer avec le mal, je briserais ma plume. Mais si des personnes impartiales et désintéressées me signalaient et me prouvaient des erreurs, je n'hésiterais pas à les rectifier. Quand j'ai un tort, pour moi la noblesse de cœur, c'est non de nier et de persister, mais d'avouer et de réparer. Quand l'honnête homme se trompe, ce ne peut être que sans coupable intention ; ne le frappez donc pas sans même l'avertir ni l'entendre.

Bien que j'eusse écrit dans mon *Histoire universelle de l'Humanité*, ouvrage qui aura cinq ou six volumes, que ce grand ouvrage philosophique était un livre non de classes, mais de bibliothèque et d'étude pour les instituteurs et les gens du monde, la malveillance me dénonça comme le mettant même dans les classes populaires des écoles communales : absurdité impossible par toutes les raisons, mais à laquelle on croit comme à tout, sans vérifier. Un instituteur communal ne peut pas mettre un livre entre les mains de ses élèves sans y être autorisé ; les enfants du pauvre n'ont pas les moyens de payer un ouvrage de douze francs, et n'auraient pas le temps d'apprendre six volumes d'histoire. Mes ennemis m'attribuèrent même une influence plus étendue que je n'ai ; ils prétendirent que j'envahissais tout, que je changeais toutes les idées des instituteurs, ce qui, entre parenthèse, ne prouverait qu'une chose, c'est que celles qu'on leur avait données étaient fausses ; que bientôt on ne penserait que par moi, qu'on ne s'instruirait que par moi, que toutes ces idées de dignité, de vérité et d'instruction du plus grand nombre étaient un danger ; et quand on leur demandait : « Mais les faits qu'il cite sont-ils vrais ou faux ! » Ils répondaient : « Oui, ils sont vrais, mais on ne doit pas les dire, on doit taire ou excuser tout ce qui est contre les prêtres et contre les princes. Un de ces Laubardemont entra dans une violente colère contre ma littérature parce que j'y avais mis les noms et les biographies des philosophes et des romanciers, et en disant du bien de ceux qui le méritent. — On ne doit pas prononcer et faire connaître ces noms là à des enfants, parce que c'est les porter à lire les ouvrages, ou tout au moins faut-il dire du mal de ces auteurs et de leurs œuvres, et ne pas laisser supposer aux enfants qu'on puisse être un honnête homme en étant un philosophe ou un romancier. Mes ennemis en vinrent même à frapper ma Grammaire, mon Arithmétique et ma Tenue des Livres, et quand on leur demandait ce qu'il peut y avoir de mal dans de tels ouvrages, et quand on leur objectait la loi de la liberté de l'enseignement... Ah bien oui ! allez parler de légalité et de tolérance mutuelle, au parti pris de la malveillance.

Il y a une loi de la liberté de l'enseignement ; mais les instituteurs privés et dits libres ne la comprennent pas bien pour eux, puisqu'il faut qu'ils remettent au préfet la liste des livres qu'ils suivent et que l'inspecteur vient leur prescrire de ne se servir que des ouvrages approuvés par l'Université.

Dans mes ouvrages, tout a un but de vérité et de moralité, et tout est écrit avec franchise, mais sans violence et sans attaques personnelles. Sous tous les régimes, je me suis abstenu de parler en bien ni en mal des chefs du gouvernement, pour ne pas perdre les questions de principes dans les questions de personnes. Si mes ouvrages étaient livrés à la police correctionnelle, ce serait donc injuste et malveillant, puis c'est une loi bien dure que celle qui refuse à un accusé un jury et lui interdit de publier sa défense et de rendre l'opinion publique juge d'une condamnation. Sous tous les gouvernements, et pendant vingt-cinq ans, j'avais obtenu de la tolérance et même des éloges; je ne demande pas qu'on me tienne compte du bien que je fais, mais qu'on me laisse le faire. J'ai des élèves et des amis haut placés; ils m'offrirent de me faire obtenir protection; je refusai... une faveur gouvernementale est toujours une chaîne. Quand on n'a aucun moyen de se défendre, on se tire du danger comme on peut, et l'on est condamné parfois à subir des conditions bien froissantes, à faire des sacrifices bien durs au salut d'une idée; mais entre cela et demander une faveur ou consentir à écrire contre sa conscience et à agir d'après un intérêt d'argent ou d'ambition, il y a un abîme; entre la pauvreté et la vénalité, je n'hésite pas un instant, je ne m'en fais aucun mérite, je satisfais à un besoin de ma nature qui peut vivre en luttant chaque jour contre la pauvreté, tant qu'elle ne m'entraîne pas à faire des dettes, c'est-à-dire des dupes, mais qui ne pourrait pas vivre avec un remords. Ce fut surtout en 1857 que mes ennemis me suscitèrent les plus violents orages, chapitre grave et triste de ma biographie, mais que je ne dois écrire que plus tard dans ses détails. Voici mes publications de 1863 : ma *Littérature universelle de l'Esprit humain*, mon *Poëme philodéonique*, mon *Étude d'ensemble de l'Histoire de l'Humanité*, mon *Organisation philodéonique* et ma *Biographie*. Lisez et dites si j'ai menti et failli aux convictions de toute ma vie.

Partout où l'on voulut exiger de moi des compositions de conscience ou susciter à d'autres pour moi des désagréments, je me retirai. Je sacrifiai à ma conscience ma carrière lucrative, mes leçons et ma vente de Résumés dans les pensions, et comme un malheur, surtout à moi, n'arrive jamais seul, une personne en qui je devais avoir toute confiance me fit perdre toutes mes petites économies, les quinze cents francs que j'avais mis en réserve pour payer les impressions de mes ouvrages et pour donner le nécessaire à ma vieille mère et à mes filles; et ce que le sort du travailleur intellectuel a de triste, c'est qu'il ne sait où chercher et n'a qu'un genre de travail précaire et dont on se passe. Quelles facilités d'occupation et quels abris la société lui offre-t-elle?

J'aurais pu avoir du bien-être et des honneurs en consentant à forfaire à mes principes; je préfère souffrir en leur restant fidèle.

Fais ce que dois, advienne que pourra! et comme m'écrivait un homme placé dans une voie opposée à la mienne, mais qui croit plusieurs de mes idées utiles et désapprouve le mal qu'on me fait : « Prenez courage, l'avenir est dans le sein de Dieu ; il n'est pas possible que vous soyez toujours méconnu. » Le monde ne se doute pas combien les meilleures idées ont coûté de luttes, de tristesses et de sacrifices, même pour rester incomprises et méconnues. Les martyrs bien à plaindre sont ceux qu'on tue à petit feu par une souffrance de chaque jour. On a souvent écrit que la persécution fait le piédestal de l'avenir de la victime; mais le présent n'en est pas moins triste et l'avenir ne vient souvent qu'après la mort du martyr.

Ma seule consolation, mon seul soutien, c'est que je continue à recevoir chaque mois, par écrit ou verbalement, des remerciements pour le bien intellectuel et moral produit par mon idée. De nombreux témoignages d'estime et de sympathie m'honorent et me soutiennent dans le mal qu'on me fait. J'ai un petit public sympathique, celui des gens de cœur, de vérité et de progrès, et ils me disent : « Continuez de poser et de propager votre idée dans les limites du possible, et quand l'heure sera venue, nous nous y grouperons, nous la mettrons au grand jour et nous lui accorderons des appuis plus efficaces et plus étendus, et tous les concours nécessaires pour lui faire porter son fruit. » Je suis le seul auteur qui ait eu assez de conviction ou de niaiserie pour persévérer aussi longtemps à me sacrifier, à m'abreuver de dégoûts et de privations, et à tout faire par moi-même pour une idée prêchée le plus souvent à des abrutis et à des corrompus ; mais on me dit, et je crois que l'humanité a dans sa vie quelques bons moments où il lui revient des yeux et du cœur ; seulement à ces heures là elle ne trouve pas de guides dans le vrai, et elle retombe bientôt dans le gâchis du désordre et dans les haltes dans la boue. Le résultat obtenu dans le présent par l'utilité de mon idée et par l'énergique persévérance de mon dévouement, c'est que je suis le seul auteur dont l'idée se soutienne et marche depuis trente ans en faisant chaque jour un peu de bien intellectuel et moral ; des centaines d'ouvrages à idées d'amélioration ont été publiés dans ce quart de siècle ; aucun ne continue de se vendre et n'a d'influence ; la plupart ne se publient même plus.

Je continue dans les possibilités qui me sont laissées ma mission et mon apostolat, et un dévouement qui n'est que ma dette envers Dieu et envers l'humanité. Je passe ma vie à aller instruire et éclairer les uns, et émouvoir les autres sur ceux qui souffrent, à aller chercher au talent et aux idées utiles en souffrance, du travail et des moyens de production et sans jamais rien demander ni aux uns ni aux autres. Je fais tout ce bien en recevant de grands éloges, mais fort peu d'appui, en vivant au jour le jour, en sacrifiant à mon œuvre et à mes enfants le petit revenu qui devait assurer un abri à ma vieillesse, et en me condamnant à une vie de luttes, de privations et de souffrances de tous les jours. Concourez à généraliser ce petit résultat et le règne du bien adviendra.

Pendant deux ou trois ans, beaucoup de mes heures durent être consacrées à l'étude et aux bibliothèques pour les recherches et les lectures nécessitées surtout par ma littérature universelle de l'esprit humain. Malgré l'exiguité de mes revenus, je les diminuai encore, et je pris quelques mille francs sur la vente de mes propriétés pour achever de poser mon idée, pour faire mes publications de 1863. Sur les cinq cents nouveaux instituteurs et institutrices de Paris et des environs, établis ou changés dans ces dernières années, tant la carrière est mauvaise, quatre cents m'ont pris ma méthode pour les gens pressés, s'en servent et la dictent. C'est incroyable comme les résultats d'instruction sont nuls, surtout dans les externats et dans les écoles communales, c'est-à-dire pour la majorité des élèves et malgré la capacité des maîtres. Ou ce sont des études nulles tant elles sont incomplètes, ou ce sont des études mal sues ; c'est beaucoup la faute des méthodes qui, lentes et abstraites ne vont pas à des gens pressés et à des intelligences médiocres, à des élèves qui viennent souvent tard dans la pension et qui la quittent toujours de bonne heure et dont les deux dernières années, celles où ils pourraient s'instruire avec fruit, sont absorbées par les exercices et les études de première communion ; dès qu'ils l'ont faite, et souvent même sans attendre la fin prochaine de l'année scolaire on les met en apprentissage. Ma méthode rend le service aux instituteurs de les mettre à même de donner en peu de temps et dans un cadre que les plus pressés peuvent parcourir, l'indispensable de chaque connaissance, puis de faire qu'une étude apprise par un livre classique quelconque et mal sue devient bien sue en quelques semaines par l'application de mes moyens de méthode et sans rien changer aux habitudes générales d'une pension.

J'ai le bonheur d'avoir fait reprendre l'enseignement de l'histoire, de la géographie et de la mythologie aux instituteurs et institutrices qui l'avaient abandonné en me disant qu'ils n'arrivaient à rien, que les élèves quittaient la pension en sachant à peine et mal les Mérovingiens, les Carlovingiens et les Capétiens, ce qui ne sert à rien, ou en connaissant seulement la dixième partie de la Mythologie. En moins de temps qu'ils n'en perdaient, ma méthode procure à ces enfants la connaissance de tous les grands noms et de tous les grands faits de toutes les histoires, avec la cause et la conséquence de chaque fait, car en tout même dans les études élémentaires je fais toujours la part du cœur et de l'intelligence, mais dans les études élémentaires, la mémoire a les trois quarts à faire, et voilà pourquoi je me suis toujours attaché à l'aider, à créer une méthode, c'est-à-dire des moyens faciles, rapides et méthodiques pour apprendre, retenir et repasser. Ce qu'on appelle des livres classiques et des méthodes ne sont que des recueils de règles ou de faits présentés avec plus ou moins d'ordre et de lucidité; mais ce ne sont pas des méthodes, il y a le fait ou la règle; mais il n'y a aucun moyen de l'apprendre, de l'appliquer ou de le repasser rapidement et sûrement; moi, au contraire, je suis l'homme de la méthode. La mienne a encore un autre bonheur; celui de faire conserver aux instituteurs et institutrices leurs élèves particuliers et des cours du soir qui les quittaient découragés de n'arriver que si lentement et à si peu de chose en si longtemps. Mon cours de français les met à même d'écrire rapidement une lettre en se faisant comprendre et sans y faire de trop grosses fautes; ma tenue des livres à partie double et en douze leçons, a porté des commerçants à tenir leurs livres, et a mis des jeunes gens à même de prendre des emplois qui s'offraient, mais sans pouvoir attendre. Ma méthode a rendu le courage à des jeunes filles qui avaient échoué à deux examens et les a fait réussir au troisième; elle leur a donné la pratique et la connaissance bien sue de chaque étude du programme d'examen; elles n'ont plus à apprendre que le genre officiel des réponses dans les livres imposés. Ma méthode est nécessairement anti-officielle puisqu'elle a pour but d'arriver avec les élèves avec lesquels la méthode officielle n'arrive pas. Les familles qui veulent refaire l'éducation manquée de leurs enfants le peuvent également. Enfin elle rendra le grand service de mettre à même de faire cesser l'ignorance du plus grand nombre par la possibilité du travail simultané, manuel et intellectuel.

Ma méthode pour les gens pressés est établie sur trois moyens de mnémotechnie naturelle, 1° chaque étude resserrée dans un cadre que toute intelligence difficile et toute personne pressée puissent parcourir, 2° chaque réponse dans une formule courte formant une liaison d'idées sans rien de factice et rapide à apprendre et à repasser, 3° de petits papiers mnémotechniques de récapitulation mettant à même de repasser rapidement une étude et d'être sûr des questions qu'on sait et de celles qu'on ne sait pas. Une méthode ne se juge que par ses résultats et j'offre à chacun une épreuve concluante sur des élèves attardés.

Les détails de la méthode se trouvent dans l'exposé de mon enseignement; je ne les reproduis pas ici; il m'est doux et encourageant de penser que ma méthode n'est pas une utopie et qu'elle a donné de l'instruction à des centaines de gens qui n'en auraient pas eu sans elle. Le gouvernement de la Grèce envoya une commission étudier les meilleures méthodes de la France et de la Suisse. Mlle Avr**, l'inspectrice générale des écoles d'Athènes et chargée du rapport, avait pris domicile dans une pension protestante où l'on suivait une partie de ma méthode et où des examens trimestriels devant le comité de patronage en faisaient ressortir les résultats.

Elle se mit en relation avec moi et me fit savoir que c'était ma méthode qui avait été trouvée la meilleure et que ce serait elle qu'elle recommanderait en première ligne et qu'elle ferait adopter dans l'institution des filles des principales familles d'Athènes, établi sement sous le patronage de la reine. Telle est la fatalité qui s'attache à moi, que cette bonne chance ne se réalisa pas plus que les autres, la guerre de Crimée vint bouleverser la Grèce et détruire mes espérances.

J'ai toujours été l'apôtre, souvent le martyr de mon idée, mais je lui dois les seuls moments et souvenirs doux de ma vie. J'en ai fait par moi-même tous les frais pour en rester maître et pour l'empêcher de périr entre les mains d'un libraire, au bout d'une édition, comme cela arrive à presque tous les ouvrages. Les plusieurs mille francs que les miens m'ont coûtés jusqu'à ce jour, je n'ai pu les dépenser que peu à peu, au fur et à mesure des rentrées, et celles-ci se sont faites sans presque aucun frais de publicité, par la seule utilité qu'on a reconnue à mes ouvrages et par les recommandations de ceux qui s'en sont bien trouvés. Mais l'argent rentre franc par franc et se dépense mille francs par mille francs. Je ne puis donc que poser mon idée, c'est-à-dire ma méthode pour les gens pressés et les premiers volumes de mes grands ouvrages. Ma méthode va de soi-même par une propagande directe puisque trois sur quatre des personnes à qui je puis la faire connaître la prennent ; mais je ne puis pas faire cette propagande sur une grande échelle, n'ayant pas le droit de réunion et le nombre des gens à ma portée avec lesquels je puis entrer en relation est très-restreint; aussi mon ouvrage ne se vend-il que par unité, par un ou deux volumes à la fois. Jusqu'à ce jour il m'a coûté 24 mille fr. et en a produit 28 mille ; loin donc d'avoir été une charge pour ma famille, il l'a aidée à avoir le nécessaire quand les revenus de ma rente et de mes leçons étaient insuffisants, et c'est peut-être lui qui sauvera l'avenir de mes enfants et qui après avoir été une charge pour moi sera une ressource d'existence pour eux. Ayant tout dépensé pour lui et pour ma famille, et ayant eu à subir des sacrifices et des pertes d'argent coup sur coup, il m'a bien fallu prendre dernièrement sur mon capital pour achever de poser mon idée. Ce qui me décourage et me retire l'espérance du présent, c'est que les moyens ordinaires de publicité, prospectus, annonces et affiches ne m'ont jamais presque rien produit; et ce sont pour ainsi dire les seuls dont dispose un auteur. Mon Dieu, oui, l'abri de ma vieillesse est détruit, ma situation est pénible, mon avenir et celui de mes enfants et de mon œuvre compromis, et voilà donc où aboutit dans une société mauvaise une carrière de trente années de travaux utiles, de dévouement et de sacrifices. La société décourage ceux qui se dévouent pour elle ; c'est donc elle la cause qu'il y a dans le monde si peu de dévouement et tant d'égoïsme. J'offre ma souffrance à Dieu pour qu'il la bénisse, ma biographie à la société pour qu'il l'éclaire sur le sort de l'homme de dévouement et du travailleur intellectuel et la porte à s'occuper davantage d'eux et à les rendre moins malheureux.

L'ignorance du plus grand nombre est un fait que personne ne peut nier, et c'est un des faits les plus déplorables. Le plus grand nombre est condamné à l'ignorance par le système actuel et forcé de l'éducation à grand nombre, des méthodes lentes et par les obstacles si nombreux qui s'opposent à l'instruction des enfants du peuple. Les petits industriels eux-mêmes ne savent même pas écrire sans faute les mots de leur industrie, de leurs factures, comptes et billets et une simple lettre, ni faire les quatre règles; ils sont obligés de se livrer à des gens qui souvent les trompent et les exploitent. Un industriel enrichi désigné par le sort comme chef du jury ne savait ni lire ni écrire; le droit ne devrait être qu'à la condition de la lumière et du devoir. Ce n'est que plus tard et trop tard quand la nécessité s'en fait sentir, qu'on veut s'instruire, mais alors le temps manque pour prendre des leçons; il n'y a donc qu'un remède, et c'est mon idée et ma possibilité du travail simultané, cette partie de mon organisation philodéonique et dont voici l'exposé :

LE TRAVAIL SIMULTANÉ MANUEL ET INTELLECTUEL

Emploi du temps professionnel, instructif, moralisateur et attrayant.

Tout en travaillant manuellement et dans les heures libres, se donner l'instruction usuelle, conseils gratuits.

Le travail simultané n'est possible que dans trois conditions :

Une explication simple et sans abstraction, comprise aussitôt que lue.

Une formule courte et méthodique apprise aussitôt que lue et se gravant méthodiquement dans la mémoire.

Des exercices tout faits et dont on n'a qu'à se demander le pourquoi et qu'on puisse comprendre; exercices oraux dans le travail manuel à plus d'un et à questions et à réponses mutuelles; système ne nécessitant de devoirs écrits qu'aux jours et aux heures qu'on a de libres. — Devoirs écrits le soir et le dimanche.

L'enseignement Buessard est le seul qui réunisse ces trois conditions, qui rende possible le travail simultané.

Travail simultané, également moralisateur, détournant des conversations licencieuses habituelles, et les remplaçant par des entretiens instructifs et moralisateurs, et préservant du vice les heures de soirées et de dimanches. — La moralisation des soirées et des dimanches; le danger moral est dans les heures d'oisiveté.

Aux personnes qui chantent et savent un peu de musique, avantages de bien-être, d'instruction et de plaisir utile procurés.

Organisation dans les familles du système rapide et mutuel de réfection des éducations manquées et de soirées de famille philodéoniques retenant au foyer domestique par l'attrait.

Je m'étais donné un mal incroyable pour organiser mon œuvre générale philodéonique aux douze sphères du travail qui assurerait le sort de l'honnête homme et mettrait partout des sols de devoir, de travail et d'appui pour les existences et les idées utiles, puis mes fêtes et intermèdes philodéoniques qui créeraient au devoir, au talent et aux idées utiles une France olympique; j'y étais en partie arrivé; un musicien qui avait un petit orchestre avait mis à ma disposition ses artistes et son salon; j'allais poser mon œuvre un peu en grand et dans sa réalité quand la suppression du droit de réunion et les commotions sociales entraînèrent avec elles ces premiers éléments d'organisation amassés à si grand'peine. Une fatalité a toujours frappé mes efforts; mais mon œuvre philodéonique reste possible en tout temps dans les familles et dans les professions et dans toute ville une petite philodéonie peut s'établir dans les quatre éléments indiqués dans l'organisation philodéonique. On peut même se borner à des salons de famille en attendant l'heure de la poser en grand. On peut se grouper autour d'une idée, l'adopter, la mettre en pratique, sans former une organisation qui rentre dans les rigueurs de la loi; et si l'on veut donner quelques intermèdes philodéoniques publics, on se conforme aux prescriptions de la loi.

J'ai dû quitter Passy où j'ai habité le même appartement pendant trente ans, où mes filles sont nées, où reposent les restes de ma mère; mais les loyers et la vie y sont devenus trop chers. J'ai loué à Batignolles un appartement à cinq pièces, et de l'une, j'ai fait un salon; par ce temps de prospérité décroissante des locataires, un appartement à salon coûte cher même à Batignolles-Paris, et, quand il faut y ajouter la location d'un piano et les contributions; mais c'est un sacrifice utile et profitable à mon œuvre. Les personnes qui me visitent me croient probablement dans une situation heureuse, à raison de mon appartement; et c'est encore là un sacrifice qui diminue chaque année mon petit avoir et il me faudra renoncer à cet appartement. Les poésies de mes intermèdes philodéoniques me valent de nombreux témoignages de sympathie de la part de ceux qui souffrent, mais la plupart des riches que je voudrais émouvoir en faveur du travailleur intellectuel, de la femme et de l'enfant du pauvre, se bornent à dire : Ces vers-là sont jolis ! Et ces gens qui, le matin, ne trouvent pas la plus petite aide à offrir au talent en souffrance, trouvent le soir des piles d'or à jeter à une orgie ou à une lorette.

La plupart des riches ne font du bien que par vanité ou par égoïsme, à condition qu'on mettra leur nom dans les journaux ou sur des affiches; les femmes, qu'on leur donnera l'absolution, la facilité de pécher et d'aller au ciel par un chemin commode, qu'on leur offrira l'occasion d'étaler leurs belles toilettes et de faire parler d'elles à l'occasion d'une quête ou de toute autre charité d'apparât. Là où je trouve à faire entendre mes chants philodéoniques, ils font plaisir par la musique et émeuvent par les paroles, mais il est très-peu de familles et même de musiciens qui puissent grouper trois chanteurs; il faudrait pouvoir payer des artistes, et moi je suis trop pauvre.

Je vais essayer un moyen d'avoir à ma disposition un petit groupe de chanteurs artistes ou non, en leur offrant certains avantages et tout en restant dans la possibilité de mes ressources. Je vais essayer aussi d'étendre le bien que je fais. Moi, le paria, je suis pourtant le seul qui procure chaque semaine par mes relations sympathiques et par mes démarches quelques ressources d'existence à ceux et à celles de mes confrères qui souffrent, et sans jamais rien accepter. Je vais surtout me vouer à faire cesser l'ignorance du plus grand nombre par le travail simultané, manuel et intellectuel, et en payant encore plus de ma personne. Pour l'avenir de mon idée, et pour lui faire produire le bien qui est en elle, il suffirait d'un seul riche et d'une légère avance, puis du concours possible à chacun dans sa sphère d'existence et de relations; mais je vois bien des égoïstes, et je vois peu d'hommes de cœur.

Quelques membres d'une société savante dont je ne fais pourtant point partie, parce que le temps me manque et suffit à peine à mon œuvre, me firent l'éloge de mes poésies et de mes chants, et m'engagèrent à leur faire entendre un de mes chants à leur séance solennelle de l'Hôtel-de-Ville. Je fus demander l'adresse de l'organisateur de la musique au directeur que je n'avais pas revu depuis cinq ou six ans; il me fit un accueil cordial et me dit : Croyez-bien que vous avez toute la sympathie de notre société; quand il s'est agi de vous, plusieurs membres ont demandé la parole pour vous donner des témoignages d'estime et de sympathie, et tenez, nous avons publié une encyclopédie en huit volumes, en voici un, ouvrez-le au mot devoir. J'eus la surprise encourageante de m'y voir seul au mot devoir, avec ma règle de conduite philodéonique présentée comme la formule du devoir la mieux trouvée.

Malgré toutes les sociétés et associations qui se sont formées, le sort du travail, surtout intellectuel, ne s'est pas amélioré; c'est qu'il faut toutes les conditions de l'œuvre philodéonique pour poser la vie du travail dans le devoir et dans le bien-être. L'amélioration du sort du travailleur intellectuel et aussi de la femme qui travaille, amélioration même actuelle et restreinte mais sensible, n'est encore possible que par l'œuvre philodéonique avec son attrait spécial et organisé qui lui donne accès et influence dans les familles, avec ses poésies et ses chants émouvants et préparant les cœurs, puis qui parle des souffrances et des besoins des travailleurs intellectuels et de la femme, qui produit leur talent, qui les recommande, qui vulgarise les idées utiles des inventeurs, à qui on demande des professeurs et des artistes et qui leur crée de nombreuses relations, et une œuvre dont chaque amélioration partielle tend et concourt à une transformation générale déterminée et organisée. Les annonces, prospectus et affiches ne peuvent rien, c'est de l'argent perdu; les travailleurs intellectuels n'ont rien que par les relations, et ces relations ils ne peuvent pas se les créer eux-mêmes. Voilà comment, et rien que par moi seul, j'obtiens pour les uns du travail, pour les autres la vente de leurs inventions et idées utiles, pour la femme une augmentation de salaire. Donnez-lui un franc de plus de sa journée ou de sa leçon; au lieu de deux sous l'heure, donnez en cinq à son travail manuel; elle a bien droit au minimum d'un homme de peine, et ce franc en plus, insensible pour celui qui le donne, sauve celle qui le reçoit; autrement vous condamnez la femme à la misère et à la corruption; puis autant que possible procurez-lui son travail au dedans de la famille.

Pour m'aider dans ma mission et sans que cela coûte rien, que les familles et les institutions organisent dans leurs soirées des intermèdes philodéoniques et au besoin tout cet attrait varié ne leur coûte rien; je leur en procure sans frais tous les éléments; qu'elles me demandent tous les professeurs et artistes dont elles ont besoin; elles auront une garantie qu'elles n'ont pas ailleurs, puisque je fais une œuvre non de spéculation mais de sacrifice et de dévouement. Qu'on m'adresse les personnes pressées d'acquérir une connaissance professionnelle ou de refaire une éducation manquée. Que ceux qui chantent ou disent des vers propagent par les chants et par les poésies philodéoniques les idées de devoir, d'aide au travail et de bienveillance mutuelle. Que les gens de cœur et d'intelligence dans la carrière de l'enseignement se rendent utiles à leurs élèves pressés en les faisant profiter de ma méthode, qu'ils étudient mes grands ouvrages afin de ne pas transmettre même involontairement, des idées fausses, et qu'ils prennent la noble et utile mission de régénérer l'éducation sur ses trois bases normales : la dignité, la vérité et la rapidité de méthode. Tout ce concours-là ne coute aucun argent, et puissent ceux qui en gaspillent tant inutilement et dans le vice, arriver à en consacrer une partie au talent en souffrance et à la propagande des idées utiles.

Oh! croyez-le, c'est un bien grand martyre que ce supplice de l'homme d'idée et de cœur qui se dévoue au bien et à la vérité, de vivre dans un monde d'égoïstes, de corrompus et d'abrutis qui lui jettent l'indifférence et la calomnie, qui souffrent eux-mêmes, sont malheureux en faisant le malheur des autres, mais incapables de comprendre et de suivre ceux qui leur montrent les causes de leurs maux et les moyens d'en sortir. Oui, croyez-le, il faut une grande résignation, une profonde fidélité à ses principes, un espoir et un désir bien dévoué d'amoindrir le mal et les souffrances de l'humanité pour s'imposer un tel martyre. Mais mon idée s'infiltre goutte à goutte et fait tous les jours un peu de bien. Les honnêtes gens finiront par comprendre qu'ils ne peuvent espérer une amélioration à leur sort et préparer l'avenir de l'humanité qu'en se groupant, et dès à présent même, autour du principe et but humanitaire, autour de l'œuvre philodéonique. Que tout au moins quand l'heure sera venue, ils me tiennent leur promesse et fasse servir mon œuvre à préserver la société d'un cataclysme, à l'asseoir sur ses quatres bases normales et à faire cesser l'ignorance du plus grand nombre. Comme on l'a vu, ma Biographie, et je la continuerai, pose dans les faits toutes les grandes questions, et, comme on va le voir, mon organisation philodéonique en donne la solution.

POISSY, TYP. ET STÉR. DE A. BOURET.

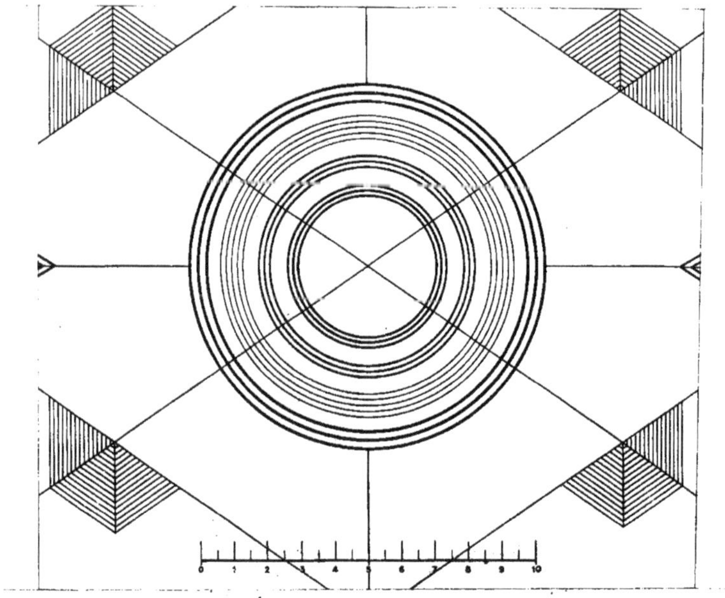
0 1 2 3 4 5 6 7 8 9 10